宮武久佳
MIYATAKE, Hisayoshi

わたしたちの
英語
地球市民のコミュニケーション力

青土社

はじめに

まず、英語について話します。

最近、三五年ぶりにベネチアを旅しました。迷路のような運河でできた街並みは今も変わりません。大きく変わったのは旅行者の言語の種類が英語以外にすごく多様になったことです。聞こえて来る言葉は、地元のイタリア語はもちろんのこと、ドイツ語やフランス語、スペイン語、ロシア語、中国語、韓国語、その他聞いたことのない言葉です。冷戦が終わり、格安航空券の普及で、世界は空前の旅行ブームにあるようです。

ベネチアに滞在した五日間、水上バスで乗り合わせた旅行者と話してみると、ポーランドやクロアチア、ルーマニア、チェコ、スロバキア、スロベニア、ブラジル、南アフリカ、ナミビアなど、さまざまな国や地域の人がいることが分かりました。

こういう旅行者が、レストランや土産物屋と交わす言語は、「英語」です。それぞれの母語の訛りを持った英語です。発音や文法はおかしいですが、もたつきながらも、問題なく通じるのです。

私の英語も日本語訛りですが、何てことなく応じてくれます。同時に、私が初めて聞くルーマニア人やクロアチア人の英語も理解するのに問題はありません。

「広場のそばのレストランが良かった」「毎晩やっている観光客用の演奏会は悪くない」「あの小さな美術館は行くべき」「私が借りたポケットルーターは、八〇ユーロで二週間使い放題だ」

どの会話もせいぜい二―三分です。短い時間ですが、生きた情報に接することができ、旅行の楽しさが増えます。

こう言うと、すぐに「どうせ、あなたは英語が得意だし」「旅慣れているし」と言われそうです。しかし、私と話した相手の人が皆、それぞれの国で、立派な英語教育を受けただろうかと考えたら、決してそうとは思えません。ごく普通の人が旅行しています。右記の会話の内容なら、いずれも中学生程度の簡単な英語でできることばかりです。

＊

次に、四国の小さな食堂の話です。

私の妻は愛媛県の出身です。生まれ育った所は、瀬戸内海の美しい光景で有名な「瀬戸内しまなみ海道」で知られています。海道には日本屈指の自転車用の道路があり、国際イベントで賑わいます。海の上を走るため、世界各国からサイクリストが集まります。

「しかし、ちょっと残念なことがある」と妻が言います。地元のレストランや食堂が、「必ずしも海外からの客を歓迎していない」というのです。ある食堂では、外国人の客が来ると、「あ、また来たぁ」とばかり、店主の妻が、厨房の夫に目くばせをするのだそうです。

なぜだろう。

「日本語が分からないと問題かな」「そんなに言葉の問題が大きいかな」「それともマナーが悪いのか」「食べたらすぐに出て行ってくれないとか?」。そんなことを妻と話します。おそらく、日本人同士なら当たり前のやりとりですむところ、それ以外に何か余計な手順がつきまとうのかもしれません。勝手が違う人が来るのが面倒なのでしょうか。

簡単な英語のメニューでもあれば、話をしなくても、食堂と客との間で不都合はおきにくいと思います。「慣れの問題」が大きいかもしれません。

余計かもしれませんが、もしも、外国人客にうまく対応できる店になれば、ソーシャルネットワーク時代の今、海外からのお客にアピールする可能性は高いと思います。「ビジネスチャンス到来だ」と思うベンチャー企業が出てくるかもしれません。

＊

二〇一七年に日本を訪れた外国人旅行者の数は二八〇〇万人を超えました。今後もこの数は増える一方です。日本政府は東京オリンピック・パラリンピックの二〇二〇年に、海外からの観光客数四〇〇〇万人を目標にしています。

これまでなら、仕事や学術、文化交流、留学、競技大会など限られた目的のためにしか訪れなかった人が、今後は、ごく普通の旅行者として日本を訪れます。つまり、しまなみ海道にはもっとたくさんの外国人が来るということです。

もしかして、日本人にちょっとした試練が押し寄せているかもしれません。日本のごく普通の人も、海外から来た人に、店の品物やメニューについて説明しなければならないかもしれませんし、道順を教える必要も出て来ました。

実は「日本人はもっと使える英語を」の掛け声は、日本の高度経済成長時代からありました。商社マンが「メイド・イン・ジャパン」を世界に売りまくりました。各省庁は若手官僚を海外留学させ、先進国の仕組みや制度を学ばせました。大学の世界では、研究者は海外に留学して最新成果を論文に引用しました。通信社や新聞社、テレビ局は、世界各地に駐在員を派遣してニュースを日本に送り続けました。

言ってみれば、一部のエリートが「商売道具」として英語を独占していたようなものです。

その英語は、「日本人訛りのある英語」でしたが、曲がりなりにも通用し、そのおかげで、戦後日本は国際社会の一画に位置していたのです。

しかし、今世紀になり、インターネットや格安航空券の急速な普及で、ごく普通の一般市民が国境を越えて行き来するようになりました。日本人は海外に出かけるし、外国人も日本にやって来ます。ごく普通の私たちが英語を必要とするようになりました。

日本は今、加速度的に、英語にさらされる新しい時代、つまり「新しい開国」の時代に入ったのではないでしょうか。黒船の時の開国と違って、今度の開国は、前触れがありませんでした。しまなみ海道の食堂はこれまで、瀬戸内海という穏やかな文字通り「内海」に守られていましたが、急に「外海」の波に触れるようになったのです。だから、無防備な状態にあった愛媛県の小さな食堂の女店主は、海外からの一般客の来店にとまどうのです。

しかし、客は自分が来たことで、店の人が嫌な顔をしたことを一瞬にして見抜きます。なぜなら、その旅行者は、そうされるのが初めてではないからです。愛媛に着くまで何度も、日本人からよそよそしい態度を取られます。

日本人は外から来た人に必ずしも親切ではないことを多くの外国人が知っています。女店主だけでなく、多くの日本人の態度を考えると、英語以前に、日本人の外国人への接し方やコミュニケーションの問題に至りそうです。

実は、私たち日本人は、ふだんでも初めての人と接することがあまり上手ではありません。

飛行機に乗るときに、日本では客室乗務員が、一人一人の客を笑顔で迎えます。しかし、客の多くは、それに応えず、無言で自分の席に向かいます。東京では、駅や地下鉄で、人とぶつかりそうになるとき「すみません」「ごめんなさい」の一言がありません。コンビニやレストランで、客が「ありがとう」を言いません（もちろん、皆が皆そうではありませんが）。

西欧でもアジアでも、たいていの国では、人々は割とよく声を掛け合っています。日本では、「知らない人とは口を聞いてはいけない」と子供のころから言われて育ちます。その逆の、知らない人へのあいさつの仕方を教わることは、商売人の家にでも生まれなければ、ありません。

＊

たしかに、小さな食堂にふだん来ない外国人が来ると店主は面倒だと思うかもしれません。また、私たちが旅先で下手な英語で話し掛けるのも苦痛である場合が多いです。それでもちょっと努力することで、相手が喜び、自分にもプラスになることが起きるのではないでしょうか。

ベネチアのあまたのレストランも、昔は、イタリア語を理解しない、要領の悪い旅行客の扱いに悩んだはずです。それが今では、旅行者あってのレストランです。地元民は観光客向けのレストランにはあまり行かないと思います。

「ガラパゴスで何が悪い」「狭いながらも楽しい我が家」などと言わずに、心を少し開いて、半歩でも一歩でも、他の人に働きかけるちょっとした勇気と余裕を持ちたいと思います。

本書は、「わたしたちの英語」から始めて、「みんなの日本語」を考えます。そして、見知らぬ人とでも気軽に会話や対話をする「社交性をもつ地球市民」が一人でも増えたらと願っています。

わたしたちの英語

目次

はじめに　1

#0　開かれた国へ（本書の概要）　17
日本人だけが知る秘密　18　「新しい開国」のリアリズム　21　企業の不祥事、いじめ、「空気」を読む記者　24　対話を否定した首相　25　日本人は日本語も下手？　26　本書の構成　27　日本語と英語を往復する仕事　30　FIFAワールドカップで働く　32　「隠れ関西人」を見抜くには　34　私の英語修行　36　わたしたちの英語、みんなの日本語　38

《第1部》　日本人と英語

#1　日本人は英語が下手か　43
英単語集を丸暗記した時代　43　TOEFLテストでは最下位？　45　英会話をなめていませんか　46　「私のカバンが出てきません」　47　英会話に立ちはだかる二つの壁　49　英語の音読、六年でわずか三〇時間　50　the の発音って変だよね　52　日本語と英語、相性が悪すぎる　53　「本気度」が問題　56
コラム①　サッカーと英語教師　59

#2　英語コンプレックスの病理　62
そもそも西欧崇拝があった　63　日本語だけで間に合う　64　英語に頼らざるを得ない　66
コラム②　日本では日本語を　70

#③ 英語一強という不公平　73
英語支配とは何か　74　柳家小三治さんのNY体験　76　「私って、英語うまいでしょ」　78　表紙だけ英語　80
コラム③　尖閣諸島を英語で　82
#④ 世界共通語としての英語を　84
「英語支配」から脱却を　85　米国人と英国人、日本で少数派外国人　87　自分らしい英語を「はと時計」を英語で？　92　英米人の英語が通じない？　94　会議後に飛び交うメール　96
コラム④　日本語を使っていると戦争に負ける？　98
#⑤ それでも英語を学ぶ意義　100
ダライ・ラマ一四世の英語　101　飛行機雲を英語で？　103　スポーツ選手の英語　105　アートの価値は英語で高める　107
コラム⑤　おじぎと握手　109
《第2部》　世界の中の日本語
#⑥ 日本語を教えてみると　113
「日本語を学ぶ？　やめときなさい」　113　日本に行きたい、日本で学びたい　115　「日本語はひどい言葉です」　117
コラム⑥　コンピューターか、コンピュータか？　121

#⑦ 日本語は閉じた言語 124
文字を持たなかった日本語 125 漢字廃止を訴えた前島密 127 英語を母国語に？ 129 「漢字コンプレックス」があった？ 130 一〇〇年続いた漢字論争 132
コラム⑦ 漢字が書けない！ 134

#⑧ 日本語をどうする？ 136
幼稚園までに「読み」「書き」を終えた 137 「長嶋」か「長島」か？ 139 加藤周一氏のカタカナ語批判 141 「新幹線インシデント」って何だ？ 142 「外国語かぶれ」の人たち 144 外来語と外国人 146 「やさしい日本語」を共通語に 148
コラム⑧ 日本映画に字幕を 152

《第3部》 地球市民としてのコミュ力

#⑨ 日本はコミュ障の国？ 157
コミュ障日本、四つの視点 158 相撲とムラ社会 160 他から見えない「世間」 161 政治家が失言する理由 163 「昼と夜で言うことが違うのか」 165 「私が聞くしかない」 167 「日本人に負傷者はいませんでした」 169
コラム⑨ 「おもてなし」に異議あり 171

#⑩ 「人間関係の近代化」を 173
日本語はあいまいか 174 高コンテクスト社会 175 昭和時代の日本企業 177 客室乗務員のコミュ

力　179
コラム⑩　漢字文化圏とは　181

#⑪ I Love You がない言語　184
「死んでもいいわ」　185　状況が言葉づかいを決める　186　告白と宣言　187　「この人と結婚するか」　189　一人称と二人称　192　NHKアナウンサーの「あなた」　194
コラム⑪　「先生」と呼ばないで　197

#⑫ 概念が上滑りする　199
東京タワーを作るには　200　日本語の抽象語が加担する　202　ドイツ語の身体性　204　日本語の欠陥か　205　マラソンとハロウィーン　207
コラム⑫　中国で使われる和製漢語　209

《第4部》　地球市民の時代に

#⑬ 知られていない日本　213
日本の有名人を挙げて下さい　214　「過労死」「残業」「単身赴任」　216　ジャポニスムと回転ずし　218　外に目が向いていない　220　子供の名前と社会性　221　ハリウッド俳優も大統領も　223　「狭いながらも楽しい我が家」などと　224
コラム⑬　「カズオ・イシグロ」と「イシグロ・カズオ」　227

#⑭ 少し自己主張しませんか 230
質問するのは「世のため、人のため」231 「ぼけ」には「つっこみ」で 232 スモールトークの威力 234 笑福亭鶴瓶さんの社交術 236 会話を止め、修復する 238 「相撲」「サクラ」「富士山」239 英会話よりも英語メールを 241 それでも「日本人らしさ」を 243
コラム⑭ 和平交渉は女性の手に 245

#⑮ 日本が存在する意義 247
核廃絶で後退する日本 248 原爆、落とした国と落とされた国 249 「条約に入らない？ ならば、説明を」251 「あなたはどこの国の総理ですか」253 モノ言う首相がいた 254 友だちは「戦争ができる国」256 真珠湾攻撃から学ぶ 257
コラム⑮ オペラには「コミュ障の人」がいっぱい？ 260

おわりに 263
参考文献 270
索　引 i

わたしたちの英語

地球市民のコミュニケーション力

#0 開かれた国へ（本書の概要）

本書では「世界の中の日本」という視点から、日本人のコミュニケーションを考えます。明治維新から一五〇年を迎えました。「日本はこのままで良いのか」「変わるとしたら外に対して自らを開くことが必要ではないか」、そのためには「日本のことをもっと海外に発信することが、日本にとっても、他の国にとっても価値のあることではないか」という思いが根底にあります。

しかし、平均的な日本人にとって、これは難題です。言葉の問題があります。海外への発信となると、「英語の問題」が浮上しそうです。日本人の多くは英語が苦手です。

一方で、観光やその他の目的で、海外から日本に来る人が増えてきました。日本は「課題先進国」と呼ばれます。少子高齢社会が抱える「高齢者の孤独死」「増える空き家」「買い物難民」など、人類がこれまで経験したことのない社会問題について、日本が先を歩んでいます。多くの国が日本の対応策に学ぼうとしています。

日本人は、日本語や英語で、外国から来た人に、日本のことを説明する機会も増えました。つまり言葉の問題が浮上してきました。「新しい開国」で当面必要とされるのは、「日本人の英語をどうする?」という課題とともに、「日本語、このままでいいの?」という課題の、合わせて二つの面があるように思います。

しかし、英語や日本語という言葉の問題以前に大きな課題があります。それは日本人のコミュニケーションのあり方です。仲間内では雄弁でも、見知らぬ人と話すことには慣れていません。たいていの人が内弁慶です。なので、言葉を発することで人を動かし、課題を解決するということが得意ではありません。卑近な例で言うと、電車やバスで、「どうぞ」と言葉を発して、人に席を譲ることに多くの人が苦労します。こういう私たちが世界を相手にする際に、どうすれば良いのでしょうか。何かヒントが欲しいところです。

日本人だけが知る秘密

ところで「新しい開国」とは何を意味するのでしょうか。本書では次のように「新しい開国」を考えてみました。

幕末から明治期にかけての「開国」とは、それまでの鎖国状態をやめ、外からの知識や知恵、情報の流入を増やすことでした。西欧列強に追いつけ追い越せが目標でした。仮にこれを「第一の開国」としましょう。日本人の勤勉さもあり、日清戦争や日露戦争に勝利し、列強の仲間入りを果たしました。

時代はくだって、アジア太平洋戦争に敗れ、焦土と化した日本はゼロからスタートしました。平和憲法をもって「第二の開国」をし、世界から学ぶ姿勢を貫きました。財閥解体、農地改革、労働政策の転換（労組化の促進）、教育勅語の廃止などによる教育改革などを断行することで、それまでのしがらみを断ち切り、近代化は勢いよく進みました。自動車やエレクトロニクス製品などの工業製品を世界のすみずみに届けることに成功しました。気がつけば、経済力では日本は世界のトップクラスの国に躍り出たのです。

しかし、新世紀に入って、追いつく目標やお手本をなくした日本は、「失われた二〇年」と形容されるように、方向感を欠いたまま、ふわふわ漂っている状態にあるようです。国内においては人口が減少し始めました。

量よりも質へと時代がシフトしているなかで、モノさえ作っていれば良いという日本の役割も大きく変化し、国際社会における日本からの応分の貢献が求められます。「金持ちの国」と思われている日本に、資金や物資の援助の要請が来ます。

本来ならお金を出す以外に、情報やアイデアを世界に提供したいところです。平和をうたう憲法をもった日本が世界でその存在を発揮できる局面は多く、日本がすべき仕事はいっぱいあると私は思っています。もしかしたら、日本流の紛争解決の方法が役に立つかもしれません。

その一方で、ネットや格安航空の普及が、民間レベルの「新しい開国」に拍車をかけています。クチコミ情報を手にした外国人旅行者が簡単に国境を越えるのです。「はじめに」で、四国・愛媛の「瀬戸内しまなみ海道」の小さな食堂の話をしましたが、自力で日本を訪れる人が増えました。

私は数年前、電気やガス、携帯電話が一切使えない、ランプだけで滞在する青森・津軽の秘湯に宿泊したことがあります。ローカル線とバスを乗り継いで行く、ひなびた宿です。まるで「不便であること」を売りにしているようなものです。しかし、そこにニュージーランドのカップルが来ていました。「どうやって知ったのか」と聞いたら、「ウェブサイトで書き込みを見た」と言います。

その後、その宿のウェブサイトを見てみると、充実した英語版があります。「しまなみ海道」の食堂と違って、「開国」に成功している事例です。

今の時代、日本の離島や山村の温泉宿について、誰かがインスタグラムに写真をアップすれば、たちどころに全世界の旅行ファンに共有されます。

日本の秘湯も秘境も日本人が隠していましたが、今ではそれはできなくなりました。日本人も外国人もない、「地球市民」ということでしょうか。日本人だけが知る秘密は、急になくなっているかのようです。

「新しい開国」のリアリズム

よく「国際理解」という言葉が使われますが、日本では今なお「世界のことをよく理解する」「今、世界がどうなっているかを知る」という「受け身」の意味で使われることが多いように感じます。しかし、日本が本当の意味で、国際社会で活躍するには、相手のことを知る一方で、自分たちのことを理解してもらうこと、つまり発信が大切なのではないでしょうか。コミュニケーションとは、主張や意見、情報のキャッチボールであるはずです。つまり、国際理解とは、「国と国が相互に理解し合う」ことだと思います。そのためには、言葉で発信することが重要になります。その場合の言葉とは、世界でもっとも流通している「英語」になるでしょう。しかし、日本人は英語が得意ではありません。

「英語」というときに注意が必要です。誤解してはならないのは、今では、英語は英国人のもの、米国人のものでなくなり、世界共通の言語という性格を持つようになったということです。

世界各地で、たとえ英語を母語とする人がいない状況でも、英語が使われます。仮に、皆さんがベトナムやタイに旅行して買い物をする場合は、現地の人と、かたことでも英語を使うのではないでしょうか。南米やアフリカを旅行しても、普通に英語を使います。その際、英国人の英語、米国人の英語と異なっていても何ら問題は起きません。

今や英語は、英米人やオーストラリア人の専有物、私有物というよりも、世界共通語の地位にあります。仮にこれを「国際英語」と呼ぶならば、国際相互理解のためには、国際英語を使うのが効率がよいと思います。

私の本音を言うと、「英語＝世界共通語」を認めたくありません。これを是とすると、英米人には有利な状況になり、それ以外の人には不利になります。英米人が特権を持つようなものです。誰が見ても不公平です。私たちは中学や高校で六年も英語を学ぶのに、満足に英語を使えるようになりません。しかし、英米人は何の苦労もなく世界中どこでも自分の言語で押し通すのです。

本当は、どこか特定の人たちが使っている言語が世界共通語であってはまずいと私は思います。しかし、現実的には英語を事実上の世界共通語とみなすしかありません（人工的に作られた共通語のエスペラントは残念ながら大きな力を持っていません）。世界共通語の地位にあるのは英語であることを不承不承でも認めるしかありません。

しかし、おもしろいことに、世界共通語としての「国際英語」が世界を支配しつつあるなかで、英米人の私有物の英語が世界中でうまく受け入れられていないという状況も発生しています。「世界共通語としての英語」（国際英語）が世界を覆い始め、「英米人の英語」が劣勢に立ち始めているかのようです。例えば、商社やＩＴ企業、金融機関に勤める日本人が話す「日本式の英語」も国際社会の中で十分な存在感を発揮しています。

片や日本語をどう考えれば良いのでしょうか。海外からやって来る人のために、私たちも「分かりやすい日本語」について考えてみる必要がありそうです。外国人を見るや、すぐに英語を使いたがる人はいますが、日本で暮らす外国人にとって一番身近な言語は英語ではありません。日本語です。

また、日本人は、「わび」「さび」は外国人には分からないと決め込んでいるフシがあります。シェイクスピアやモーツァルトなど異文化の作品を愛好する日本人が、他の国の人に「和歌や俳句、能は、あなたたちには分からないだろう」とどうして言えるでしょうか。

現実には、日本の多くの伝統芸能は外国人の手によって維持されています。音楽や美術、染めもの、陶器など多くの芸術や工芸品の分野で、外国人がその素晴らしさを発見して、日本に根を下ろし、それぞれの分野でリードしています。今や、スポーツ競技としての相撲を世界で最もよく知っているのはモンゴル人だと言えないでしょうか。

英語が英米人やオーストラリア人の私物でないように、日本語も日本人の占有物ではありません。また、それぞれの国や地域の文化も、異文化から来た人と共有するのが今の時代の流れであるように思います。グローバル時代のリアリズムとは、そういうことだと思います。

企業の不祥事、いじめ、「空気」を読む記者

日本はどうもコミュニケーション不全の状態にあるように思えます。

日本を代表する大企業の不祥事が相次いでいます。粉飾決算、商品の安全性や品質管理におけるウソの報告、長時間労働による社員の体調や精神面の不良、あげくは過労死や過労による自死。そんなことが日本全国の企業で横行しています。それぞれの業界で、老舗、トップブランド、学生の就職先としてあこがれの企業で不祥事が多発していることに驚かされます。いずれもコミュニケーションと関係がありそうです。

いずれの不祥事も報道で知る限り、かなり早い段階から、同僚や部下が知っていたケースがほとんどです。異常な現象や不正が表に出る前に「それはおかしい」と気付いた人が社内にいたことが知られています。「声を上げても、取り上げてくれなかった」「発言を無視された」という場合と、「言おうとしたが、言い出せなかった」という場合があるでしょう。

学校で起きるいじめの問題も同じです。自分の児童や生徒がいじめに遭っているのに気付きながら、やりすごす教員のことが取り上げられます。本当のところは、事態の速さに追い付かず、おろおろしているうちに、後手に回ってしまうケースが多いのだと聞きます。しかし、「おかしい」と問題を指摘する言葉を発しにくい、発したところできちんと取り合ってくれなさそうという雰囲気が問題ではないでしょうか。

自由にものが言えるはずのメディアも、コミュニケーションの問題を抱えています。日本では会見の場で、記者が大物政治家や実力者に対して自由にものを言っていません。テレビ中継でみると、ひどい場合は、記者が政治家の顔色をうかがいながら、おもねったように言葉を選んでいます。まるで記者は「空気」を読んでいるかのようです。

対話を否定した首相

政治家の日本語が分からないことがあります。「ていねいに説明する」と政治家が言うとき、それは「聞かないでほしい」と言う別表現のようです。「真摯に」「ていねいに」「しっかりと」という副詞を彼らが使うとき、それは、そうしない、という意味に受け取って良さそうです。国会中継などを見ていると、首相や閣僚が、野党の質問に対して「聞かれたことに答える」というコミュニケーションの基本が実践されないまま、時間切れになっていることがあまりに多いのです。

二〇一七年夏に、日本の首相が国連総会の場で、北朝鮮に言及し「必要なのは対話ではない。圧力だ」と演説しました。「対話を否定する政治家」は自己を否定しているように感じます。もちろん首相自身の思惑や深謀があるのでしょう。しかし、首相が全部一人で演説の原稿を書いたのでしょうか。誰もチェックしなかったのでしょうか。首相の側近、外務大臣や外務省の官僚、他の閣僚は誰も口をはさまなかったのでしょうか。どんな場合でも、相手が誰であれ、国のリーダーが他国を相手に「対話拒否」を明言することに強い違和感が残ります（思い起こせば、あらゆる対話を拒否されたから、日本は真珠湾攻撃に向かったのではなかったでしょうか。#15で触れています）。

以上、例を挙げたケースはいずれも、コミュニケーションに関係があります。

このようにみると、重要な局面でコミュニケーション不全、コミュニケーション障害がこの国を襲っているように感じます。

「質問されたら答える」「質問し、答えをもらう」という言葉のキャッチボールである「対話」を大人たちができないことを、子供たちが見ています。これでは、いくら小学校の先生が日々の教育にまじめに取り組んでも、「対話」はこの国で浸透しないでしょう。

日本人は日本語も下手？

そんなことをぼんやり考えている時のことです。ある授業が終わったあとで、たまたま一緒になった学生と並んで駅に向かっていました。すると学生がこんなことを言います。「先生、なぜ、日本人は英語が下手なんだと思いますか」

「そうね、下手だよね。でも、日本語も下手なのではないかな」

とっさに、ふだん考えていたことが頭をよぎってそんなことを言いました。日本語が下手、というのは何も言語能力のことを言っているのではなく、コミュニケーションをしようとする姿勢のことです。

会議で発言しない会社員、首相に意見しない側近や閣僚、教員も生徒も見て見ぬ振りをするいじめ、記者会見で沈黙する記者、過労状態の同僚に声を掛けられない会社の雰囲気などが頭にありました。いずれの場合でも、もしも誰かが声を上げていたら、その後の展開が違っていたかもしれません。

身近な例では、混雑する地下鉄車両が思い浮かびます。自分の降りる駅で、無言で降りる人は摩擦を生みながら出て行きます。「すみません、降ります」と言えば、協力が得られて、さっと出られるのに、といつも思います。私が見るところ「降ります」と声を発する人は五人に一人ぐらいのものです。異様な光景ですが、これが実態です。

目に見える現象はさまざまですが、突き詰めていくと、言葉の問題というよりは、言葉の底流や背後にある私たちのコミュニケーションへの姿勢に原因があるように思います。

本書の構成

本書は、研究者による理論研究の書というよりは、二つの言語の間を往復したジャーナリストの異文化体験に基づく、「新しい開国」や「地球市民のコミュ力」についての意見や提言と思って読んでくださるとうれしいです。

これをお読みの多くの方は日本語を母語にするのではないかと思います。中学や高校、大学で多くの時間を英語学習に割いてきた人たちでしょう。本書では、主に日本語と英語を取り上げながら、いわゆる「グローバル時代の」日本人のコミュニケーション、あるいは最近コミュ障と略されるコミュニケーション不全や障害について考えたいと思います。

本書ではまず最初に、《第1部》「日本人と英語」として、私たちと英語の関係に焦点を当てます（#1〜#5）。この問題は、多くの日本人にとって、避けて通れなくなりました。冒頭で述べたように、グローバルな舞台では、実態として世界共通語は英語だからです。ただし、英語には二種類あって、それは「英米人などの母語話者の英語」と「世界共通語としての英語」です。英語は多くの日本人にとって一番身近な外国語です。もちろん、人によっては韓国語や中国語を身近な言語に挙げる人がいると思います。しかし、ごく平均的な日本人が中学以来、英語を勉強した経験を持つことと、外来語（カタカナ語）として日本語に採り入れられている元の言語は多くの場合、英語であるという現象を考えると、日本人にとってもっとも身近な外国語は英語ではないでしょうか。

日本人と英語の関わりを掘り下げていくと、そこには、そもそも意見や主張の違いをやりとりする「対話」の習慣のない日本人像が浮かび上がります。さらに、コミュニケーションのツールとしての日本語を探っていくと、いくつか興味深い問題に遭遇します。そこで、《第2部》で「世界の中の日本語」を考えます（#6〜#8）。日本語は、世界のあらゆる言語がそうであるように、完璧な言語ではありません。言語として改善すべき課題は多いと私は思っています。特に、日本語を学ぼうとする外国人には、とてもやっかいな代物であるようです。統一性のない漢字やカタカナの表記の問題が避けられません。敬語の問題もあります。

《第3部》を「地球市民としてのコミュ力」としました（#9〜#12）。日本人のコミュニケーションの問題を議論するとき、ムラ社会や世間と呼ばれる閉じた共同体、つまり「高コンテクスト」な社会を考えることが必要です。一人称や二人称があいまいになったり、抽象語を使うことによって具体的な事象が隠れてしまいやすい日本語の特性についても考えてみたいと思います。「空気を読む、読まない」が重要視されたり、世間体を意識したりするメンタリティー、そして自己と他者との関係のあり方についても注目しました。

《第4部》では「地球市民の時代に」として、内向き傾向が増す日本の現状と課題を考えました。少し自己主張してみること、日本が世界で存在することの意義などについて考えました（#13〜#15）。

日本語と英語を往復する仕事

さて、本書を執筆する私について記述しておこうと思います。

私は今、大学で知的財産権（主に著作権）やメディアについての科目を受け持っています。本書が扱う「日本（人）の英語」や「日本語論」「異文化コミュニケーション論」の専門家ではありません。言語学者や日本語教員ではありませんし、英語の教師を務めたこともありません。そういう人間がなぜ、このようなテーマの本を書くことになったのか説明が必要と思います。大きく四点あります。

第一に、私の仕事の内容があります。私は、長らく通信社の記者として、日本語と英語の二つの言語で取材し、執筆してきました。これは、頭の中で、英語と日本語の間を往復することを意味します。

ここで簡単に、私が大学院を終えた後に務めた共同通信社についてお話ししておきます。通信社とは、ニュースのおろし業のようなものです。全国の新聞社や放送局に代わって、通信社の記者が取材します。製品となったニュース（記事や写真、動画）が新聞社や放送局、大使館、官庁に配信されます。最近ではネットでニュースを展開することも重要な仕事です。共同通信の場合、約一二〇〇人の記者やデスクが国内外（国内四六都市、海外四二都市）の取材拠点にいます。デスクとは、現場から記者が書き送ってくる記事の事実関係をチェックしたり、読みやすく編集し、仕立て直しをする人のことを言います。

　共同通信社には国際局海外部という、英語や中国語、韓国語でニュースを発信する部署があります。英米、オーストラリア、中国、韓国など、記者やスタッフの国籍はさまざまです。私は、二五年の在職中のうち八年間、英語記事の記者を務めました。取材してそのまま英語で書くこともありますが、日本語の記事を英語に仕立て直すことが多かったように思います。「仕立て直す」という表現がポイントです。日本語の記事を直訳しても英語のニュースにはならないからです。それ以外は、ロイター通信やAP通信などの「外電」（英語）の経済記事を日本語に編集する（仕立て直す）部署にいたこともありますし、事件事故を扱う記者として日本語の記事を書いた時期もあります。

　つまり、アウトプットとしての記事を、英語でも日本語でも書いていました。

　日本人が英語の記事を書くには訓練が必要です。いきなり即戦力にはならず、二年も三年も現場で苦労をしてようやく商品としての記事が書けるというのが実態です。また、一本の記事が出来上がるまで、いくつものチェックを経ます。事実関係や記事のスタイル（仕立て直し）をチェックするデスクや、英語のネイティブスピーカーのコピーエディター（原稿のことをコピーと呼びます）がいますので、「いかにも日本人が書きました」というような英語記事は世に出ません。

FIFAワールドカップで働く

第二に、二〇〇二年、日本と韓国が共同開催した、FIFA（国際サッカー連盟）のワールドカップで日本の組織委員会の一員として、メディアの現場監督の仕事をしたことも大きいです。約一〇〇カ国からやって来る数千人のジャーナリストのための仕事をしました。具体的には、世界の記者がストレスを感じることなく仕事ができるプレスセンターという施設（ハード）を作り、これを運営する作業に従事しました。記者会見を設定したり、放送局や新聞社などメディア関係者と折衝する仕事に二年半、就きました。この間、私のコミュニケーション能力が試されました。さまざまな文化背景を持つ一〇〇カ国の記者を相手にするのは、骨の折れる仕事です。しかし、コミュニケーションや交渉能力が養われるという意味で、興奮に満ちた得難い体験の場でもありました。

私は、オリンピックなど国際スポーツ報道と縁が深く、一九九四年、広島でアジア大会が開催された時は、英語による新聞のデスクを務めました。このアジア大会は、IOC（国際オリンピック委員会）の主催です。IOCが主催するイベントでは、開催地で、英語やフランス語の公式新聞を作る習わしがあり、地元広島の中国新聞社がこの仕事をIOCから請け負いました。提携関係にある共同通信社と組んで、取材や編集、紙面レイアウトを担当し、タブロイド版の英語の日刊紙を開催中、選手や役員など関係者に配布する責務を負いました。

また、一九九八年の長野冬季オリンピックでもデスクを務めました。IOCは長野オリンピックニュース通信社（NAONA）を起ち上げ、地元の信濃毎日新聞社と共同通信社が連携し、英語、フランス語、日本語の三カ国語の新聞を発刊しました。このプロジェクトのために約一〇〇人（約一〇カ国）の記者で臨時のニューズルームを作りました。私はここでは記者を労務的にたばねるデスクでした。折衝やコミュニケーションが重要な要素でした。

第三に、米国で、世界のジャーナリストと一年間「寝食を共にした」経験が本書の基礎を作っています。

私は四〇歳になる少し前に、ハーバード大学に招かれて、世界のジャーナリストが調査研究のために集まるニーマン財団のプログラム（Nieman Foundation for Journalism at Harvard University）のフェロー（特別研究員）になりました。この記者研修プログラムはおそらく世界でもっともすぐれていると思います。フェローには教授陣と同じ身分証が発行され、学内のほとんどの施設が使えます。授業やセミナーもフリーパスで受講できます。各教授はプログラムのことを知っているので、フェローの調査に協力してくれました。私は、「メディアとテクノロジー」を研究テーマに据えていたので、ハーバード大学だけでなく、隣のMIT（マサチューセッツ工科大学）のメディアラボにも毎週出かけていました。

日本以外の環境にどっぷり身を投じると、どうしても日本のことを相対的に見てしまいます。この一年の経験が私を大きく変えました。英語漬けの一年は、同時にコミュニケーションについて考えるきっかけを得た日々となりました。

大学では、「ダンスターハウス」と呼ばれる家族が入れる寮に入り、若い学生と一緒に過ごしました。この古い寮は、アル・ゴア元米副大統領が青春時代を送った寮としても知られています。

第四に、共同通信を辞めて、横浜国立大学に転身して担当した仕事があります。この大学では、国際戦略コーディネーターとして「どうやったら大学がグローバル対応できるか」を立案し実施する仕事に三年間就きました。その間、毎月のように海外の大学に出張し、協定を結んだり、新しい教育プログラムを設定させたりしました。留学生の世話も重要な仕事でした。

ここまでお読みくださると、私の仕事の大部分が、コミュニケーションの実践であり、しかも使用言語が日本語と英語であることがお分かりになると思います。意識しようとしまいと、異文化間コミュニケーションとは無縁でいられませんでした。

「隠れ関西人」を見抜くには

次に、コミュニケーションについて語るとき、私が日本でどのような育ち方をしたのかを述べておくと、本書も理解しやすいかもしれません。私は、大阪生まれの大阪育ちです。言葉について言うと、今でも、いわゆる大阪言葉が最も自由に使える言語です。祖父母、父母、六人兄妹など全部で一〇人が暮らす大家族に育ちました。毎日が修学旅行のようなものです。いさかいやトラブルが絶えません。けんかの当事者になったり、板挟みの状態になったり、仲裁役をこっそり引き受けたりする場面もありました。コミュニケーションという観点からすれば、大家族の出身であるということは重要かもしれません。

大阪言葉とは、「話し言葉」に限られます。どんな大阪の人であっても、正式な書き言葉は、いわゆる「標準語」です。大阪言葉は、アクの強い方言として誤解されることがありますが、柔らかいきれいな日本語です。

大阪言葉に関する限り、「言文一致」は実現していません。大阪府庁や市役所、府警や地裁から出される全ての文書は標準語です。織田作之助や川端康成、藤本義一、田辺聖子、宮本輝、川上未映子らの書き手は、作品に大阪言葉を積極的に採り入れてきましたが、なかなかうまく行きません。一〇〇％の大阪言葉を記述すると、大阪の人にも、他の地域の人にも分かりにくいです。

ふだんの私の日本語について記しておきます。仮にNHKのアナウンサーが話す日本語が標準的な日本語とするならば、私は東京に暮らすまで、標準語な日本語を話したことは「一度も」ありません。大阪の学校では、教室で児童や生徒が教科書などの文章を読み上げる時は、大阪言葉のイントネーションのままです。「ごんぎつね」も「山のあなたの空遠く」も大阪アクセントで音読します。

関西の学校にいると、よその言葉、特に関東アクセントは目立つので、東京言葉を使おうものなら、からかわれたり、キザだと思われました（今は状況が違っているかもしれません）。しかし、たとえ大阪や神戸、京都にいても、テレビやラジオのアナウンサーがニュースを読むときに、地元のアクセントを使うことはありません。

ところで、東京と大阪の言葉では、イントネーションの大きな違いが指摘されますが、母音の強弱がかなり違います。「隠れ関西人」を見抜くのは簡単で、母音の「う」の音が強い人は関西人です。ネクタイを、「ねくぅたい」と発音します。なんだ当たり前の日本語じゃないか、と言われるかもしれませんが、関東圏の人は、「く」の音が「K」となり母音が脱落します。「します」の「す」の音も、関東では「S」の音です。「う」の音は大阪ほど強く発音しません。一般に、大阪言葉では母音が強いように思います。

私の英語修行

次に、本書のテーマの一つである英語について、私の体験を話します。私は、大阪市立の小学校、中学校に通いましたので、英語は中学一年になるまで習ったことはありません。高校はミッション系で知られる兵庫県西宮市の関西学院高等部でした。その後、京都の同志社大学文学部を経て、東京・三鷹の国際基督教大学（ＩＣＵ）の大学院（比較文化研究科・美学芸術学専攻）に進学しました。自分が受けた英語教育について言うと、高校時代の三年間、米国人宣教師による英語の授業があったことが特徴的かもしれません。

英語修行に関して重要なのは、米国への留学です。大学院の学生だったときに、ＩＣＵから奨学金を得てカリフォルニア大学（ロサンゼルス、ＵＣＬＡ）に一年、滞在しました。本書でも触れるトーフル（ＴＯＥＦＬ）基準もクリアしたはずです（今と違って当時は緩かったかもしれません）。初めての海外暮らしです。キャンパス内の大学院生の寮に住んでいました。小さな二人部屋でしたが、ルームメートは原子力工学が専門の米国系台湾人でした。

英語ではもちろん苦労しました。留学の二日目、道を歩いていて、大きな男性から、「今、何時ですか」を意味する「Do you have the time?」と聞かれて、「今、ヒマか」の意味だと思い、顔の前で大きく手を振って「No, I'm busy. Sorry.」と答えたことがあります。その人はものすごく不可解そうな顔をしました。寮に戻って調べたら、time に the が付く場合は「時計が表示する時刻」を意味すると知ったものです。その男性は私の腕時計を見て質問したのですから、私は「変なやつ」です。その程度の英語ですから、授業もまともに付いていけたとは言えません。幸い、大学院では少人数のクラスばかりでしたので、仲間に助けられながら、なんとか一年の留学を終えたようなものです。

あらかじめ留学期間が決まっていたので、私のとった作戦（？）は、ひきこもって専門の勉強（大学に提出したテーマは「音楽美学」に関するものです）に集中するというよりは、生活のための英語を身に付けようと「社交性」を意識することでした。だから、身近な友人（寮の友人）や先生、クラスメートは「生きた教材」となりました（#6でその時の様子を少し書きました）。バックパックにいつも辞書とノートを持ち歩いていました。

わたしたちの英語、みんなの日本語

本書のタイトル『わたしたちの英語――地球市民のコミュニケーション力』は、本書の出版社である青土社がつけてくれました。

日本にいる限り、今のところ英語を使わなくてもやっていけます。しかし、一歩、外国に出ると、日本語はめったに通じません。ただ、たいていの場所で、世界共通語としての英語だけでやって行くことはできます。

地球市民としての英語について考えていくうちに、母語の日本語はこのままで良いのかと考えるようになりました。日本に来る外国人はどのような苦労をするのだろうかという点に興味があります。いえ、実は、日本語は日本人にとってもやっかいな言語です。敬語は難しいし、ワープロがないと漢字が満足に書けません。こういうやっかいな言語を使う私たちのコミュニケーションはどうなっているのかという問題についても考えてみましょう。

「わたしたちの英語」を考えることで、「みんなの日本語」に触れ、地球市民としての日本人のコミュニケーションを考える、というのが本書の大ざっぱな筋書きです。

全体で一五章ですが、どの章からお読みいただいてもよいように工夫しました。読みやすさを考え、多くの具体的なエピソードを中心に書きました。私自身の経験が多いですが、まわりの友人や知人の経験談もあります。

楽しみながら読んでいただくように努力しましたが、うまく行きますでしょうか。

《第1部》　日本人と英語

#1 日本人は英語が下手か

インターネットや格安航空の普及で、人・モノ・カネ・情報が、自由に国や地域の制約を越えて、流通する時代になりました。外交やビジネス、文化交流、人的交流のあり方が変わり、従来の枠組みの理解が通用しにくくなっています。日本も「世界の中の日本」という位置づけで捉える必要が出て来ました。日本は他の国や地域とどう付き合っていくか、課題を背負っているように思います。そうなると、いろんな立場の人が「国際社会ときちんと付き合うには、日本人はもっと英語を身につけるべきだ」という理屈を持ち出します。

英単語集を丸暗記した時代

英語というとき、かつては、英国人や米国人の母語としての英語を指しましたが、今の時代は、「世界共通語としての英語」あるいは「国際語としての英語」が重要な地位を占めています。

実際、国際会議であれば、たとえその場に英米人がいなくても、英語が用いられることが普通です。私たちがアジアやヨーロッパ、中南米などを旅行するときも、現地語は分からなくても、英語で用を足します。仮に私が、中国人、韓国人と三人で話をする必要が生じた場合、用いられる言語は英語になるでしょう。違う国の人同士で、意思が通じるのは英語です。

ところが、自分たちはおしなべて英語は苦手だと多くの日本人が感じています。加えて、「日本人は英語ができない」ことは世界的に有名です。だから、実業界が「グローバル時代なのだから、今の日本人は英語ぐらい、きちんと使えなくては困る」という声を上げます。実際、「英語は早期教育こそ」という掛け声のもと、二〇二〇年、英語の授業が小学校三年からスタートします。さんざん自分たちが英語に悩まされたから、せめて子供にはちゃんと英語が使えるようになってほしいという、親の願いも強いようです。

難関大学を除き受験競争が緩和されたせいもあり、若い世代の英語の力が鍛えられているかどうか不安です。かつてなら、高校時代に英単語集を一冊丸暗記するぐらいの「学習」が課せられました。今では丸暗記学習の弊害に注文がついたのか、会話を重視した教育を受けているせいもあり、文章を読む力は下がっているように思います。文法軽視の弊害もあります。過去三〇－四〇年において、あらゆる分野で国際化が叫ばれた割には、日本人の英語力は、それほど上がっているとは思えません。たとえば、中高生の英語力の推移を示したデータがあれば見てみたいです。

ＴＯＥＦＬテストでは最下位？

「日本人は英語が下手」を補強するデータとして、毎年のようにメディアに登場するのが、英語の試験であるトーフル（ＴＯＥＦＬ）の国際比較です。日本の成績をみると、日本は全参加国・地域のなかで、いつも最下位グループに属します（全一二八カ国中、下から一三位。二〇一六年）。私が知る限り、過去二〇年ぐらい、この結果はあまり変わっていません。

このようなデータを見せつけられると、「日本人は英語が不得意」と思われても仕方がありません。このため「英語教育を改めよう。英語は早期教育こそ。入試では、リスニング以外に、スピーキングも加えたら、必死になって英語を勉強するにちがいない」という人が現れるのでしょう。こういう情緒的な反応をする人が英語教育に口をはさみ、安易に小学校における英語の早期教育実施の流れを作っているように思います。

しかし、ちょっと待ってください。英語は、少しぐらい教育方法を変えたり、学習時間数を増やしたところで、うまくなりません。そんな生半可なことでは、英語は習得できません。英語は、日本語を母語とする人にはとてもとても難しいということを知っておく必要があります。

英会話をなめていませんか

「先生、どうしたら英会話がうまくなりますか」

ゼミの学生の要望を受けて、週に二時間、希望者が集まって、インターネットでNHKラジオの「英会話」を皆で聴き、練習した時期がありました。毎週三―四人が、一週間分の講座をまとめて聴いて、実際に声を出して練習します。しかし、学生はさしたる目的や動機もなかったと見えて、二カ月もたたないうちに集まらなくなり、勉強会は自然消滅しました。

「なぜ、来なくなったの?」と聞くと、最初は、実験や部活、アルバイトを理由に挙げていましたが、どうやら「こんなことをやっていてもうまくならない」「もっと効果的な方法があるはずだと思う」などと言います。「外国人に道を教えたり、コンビニでコーヒーを買うぐらいの英会話、それなら簡単だと思っていました」「ラジオ講座で扱われるスキット(寸劇)や会話のサンプルを覚えても、それを使うような場面が自分の日常生活で起きることはない。効率が悪い」

どうやら「英会話」という言葉が魔物です。コーヒーを買ったり、人に道を教えるのは簡単だ、そのような英会話ならすぐに身につくと思って、勝手に「流暢に英語をしゃべる私」

を思い描いているのですね。

根底では、「書く英語」「読む英語」に比べて、「話す英語」は、単語のレベルも低く、文章も短い、いちいち辞書を引かずとも、「英会話なら簡単に習得できる」と思っているのかもしれません。もしかして、自分が〈話す〉英語が下手なのは、これまでたまたま、英国人や米国人、いわゆる「英語のネイティブスピーカー」（英語を母語として話す人）に付いて習ったことがないだけに過ぎない、ラジオ講座なら英国人や米国人の発音に触れることができる、それなら、と「勉強会」に参加した、というのが本音のようです。

よくある発想です。はっきりいって、会話をなめています。

「私のカバンが出てきません」

私は外国語としての英語の運用で、「会話」は難しいと思っています。私はよく言います。「外国語による会話は難しい。なぜなら、相手が何を言い出すか予想がつかないからだ。近所にできたイタリアンの店について話していたかと思ったら、映画の話になり、憲法の話をしていたかと思ったら、政治家のファッションに話が飛ぶ。どうやってついていく?」「しかも、沈黙は許されないし、すぐさま、何か反応しなければならない」

そもそも会話が対象とする領域は私たちの日常生活のほかに、森羅万象に及びます。井戸端会議を思い浮かべてください。英会話ができるということは、井戸端会議を英語で実践するということに他なりません。もちろんこれは理想的な英会話の姿なのでしょうが、英会話が十分にできるということは、基本的には母語で知っている事がらを全て英語で「言える」「聞ける」ことを意味します。

しかも、会話は生きた人間の言葉のやりとりなので、瞬発力が要求されます。実は日本語でも会話は難しいのです。これを外国語できちんとやり取りするのは並大抵の力ではできません。的確に単語やフレーズをその場で返さなければなりません。

書店に並ぶ『旅行英会話集』には、「サンドイッチをお願いします」「一週間、ホテルに滞在します」「朝ご飯は何時からですか」「エッフェル塔に行くには、どの地下鉄がよいですか」などというセリフが英語で書かれています。その程度なら、多少かたことでも言えるかもしれません。それで目的が達せられるでしょう。

しかし、空港でカバンが出てこなかったり、地下鉄でスリに財布をすられた時はどうしますか。会話集には「私のカバンが出てきません。どこに行けば良いですか」「スリに遭いました。財布を盗られました」「私のパスポートが無くなりました」が示されているかもしれません。しかし、この後にやってくる恐怖の（?）やりとりをどのように切り抜けたら良いのか、会話集では役に立ちそうにありません。

英会話に立ちはだかる二つの壁

英会話が簡単でないということを理解するために二つの側面を考えてみたいと思います。これについて立教大学名誉教授・鳥飼玖美子氏が『話すための英語力』で書いています。鳥飼氏は、日本人が英会話を学ぶときに直視しなければならない現実として「時間の壁」「距離の壁」などを挙げています。

「時間の壁」とは、日本人学習者の英語にかける時間数が圧倒的に不足しているという困難です。つまり、赤ちゃんが母語を習得する膨大な時間に比べて、日本人が中学から大学まで英語に費やす時間の圧倒的な差を「時間の壁」と言います。二つ目の「距離の壁」とは、英語と日本語の二つの言語が、構造や音韻、語彙などについて、お互いが遠くに離れているという二つの言葉の間の距離のことを言います。以下それぞれを見てみましょう。

一番目の「時間の壁」について。つまり、日本人が、外国語としての英語を学習する時間と、生まれたての赤ん坊が「母語」を習得するまでの時間を比較します。

鳥飼氏によると、赤ちゃんが文法のような規則を身に付けて話せるようになるのが五、六歳だとすると、ざっと三万時間も赤ちゃんは言語の刺激にさらされているそうです。しかもその三万時間というのは終日、親を含め周りの者たちから「濃密に与えられる母語に浸っての三万時間」です。

これに比べて、日本人の学生が中学、高校、大学と一〇年にわたり、毎週四時間の授業を受けたとして、その合計は、多く見積もって二カ月程度だと鳥飼氏は言います。「五歳児の三万時間にとうてい及びません」(『話すための英語力』p.20)

なるほど、一〇年間英語をやった程度で、英語が使えないとぼやくのは理不尽ですね。比較になりません。もちろん、文法や発音を整理して学ぶ中学生以降の英語学習と、赤ちゃんが母語を学ぶ方法とは、学習のあり方が異なるので一概に「時間数」だけで比較することはできませんが、英語教育の難しさを表しているようにもみえます。

英語の音読、六年でわずか三〇時間

学生たちが「英会話を習得したい」という時、何となく「ぺらぺら、流暢に英語を操る」、つまり「話す」ことをイメージしていると思います。実際、「英語を話す」ことに私たちはどれほど時間をかけているでしょうか。

日本の学校ではだいたい、三〇―四〇人で一つの教室を形成します。四五分か五〇分の授業で一人の生徒が何分ぐらい、英語の音声を発する機会があるでしょうか。英語でセンテンス(文章)をどれほどの時間をかけて読み上げているでしょうか。

私はある男子学生(生まれも育ちも岐阜県。海外経験はゼロ)に尋ねたことがあります。

「いったいあなたは、何時間ぐらい、英語を実際に声を出して読み上げたと思いますか。クラス全員で教科書を読み上げたり、当てられて、おぼえた英語を暗唱したり、先生の質問に答える時のことを思い出してください」と訊ねました。そして「一つの文章を読み上げる時間を三〇秒と仮定します」と私は付け加えました。

その学生は自分の中学高校時代の授業を思い出しながら、計算を始めます。彼の答えはこんなものでした。「一年を四〇週間として、多く見積もって英語を実際にきちんと音読した時間は五時間もないと思う。皆で一斉に読むときはクチパクをやっていました」

「一年間で五時間。大学に来るまで六年間。人前で単語を発音したり、文章を読み上げた時間はトータルで三〇時間？」

「うーん、気持ちを込めて発音した時間数は半分も行かないかも」。彼は初めて、自分が英語という言語を発話した時間の少なさに気付いたらしく、「あ、そんなに短いのですね。それじゃ、英語は話せないはずだ」と妙に納得しました。

英語学習において、六年かけて三〇時間しか、英語を発声していないのに、これで、英語がうまく「話せる」でしょうか。これは極端な例かもしれません。もちろん、人にもよるでしょう。都市部にいて、英語が盛んな中学や高校にいれば、三〇時間が、一〇〇時間になるというケースもあるかもしれません。しかし、それでも、赤ちゃんは先ほどの例で言うと自分の母語をきちんと話すには、五―六年、時間数では三万時間かかります。この例を見れば、日本人が英語で発音しながら文章を声に出すという事の時間の短さがよくわかると思います。おそらく「英語を聞く時間数」も大したことありません。日本人が英語を聞いたり話したりすることができないことと関係がありそうです。

the の発音って変だよね

時間数だけではありません、教員からきちんとした発音指導を受けたかどうかあやしいものです。

女子学生がある時、私が英語を話す口元をみて、こんなことを言いました。「先生、the や this などの th の発音って、本当に、上の歯と下の歯の間から舌先を出すのですね」「え? そう習ったでしょ。this や theater を発音するときに、どうしているのですか?」「ジスやシアターです。先生のように、上の歯と下の歯の間に舌を当てる、まさか本当にそんなことをする人が、自分のまわりにいると思わなかった」

私は、「英語の音は、日本語にはないものがあると教わらなかった?」と言うと、「知っていましたが、それって本当にやるのは恥ずかしい。th の発音って変ですよね」「そうだね、th の音は他の言語にもあまりないらしいね」という会話になりました。

言われてみれば、英語の発音をきちんとすると日本では目立つので、その気持ちはよく分かります。英語圏からの帰国子女が、英語の授業でわざと日本人風の発音をする現象は、このことと相通じているかもしれません。

また、私の見たところだと、よく言われる日本人の英語の発音の最難関の一つのLとRを使い分けることについて、意識して発音を変えている人は驚くほど少なく、日本語の「ラリルレロ」をそのまま当てはめています（「ラリルレロ」は、Rの文字でローマ字表記されますが、「ル」以外の四つの音はLの音に近いように思います。しかし、これは人や地域によってばらつきがあります）。正直言って、私自身、LとRをきちんと聞き分けることは困難だと感じています。しかし、自分で発音するときは単語の表記を頭に再現しながら、LとRを使い分けます。thの発音はもちろん意識して、舌の位置に気をつけます（早口になると、必ずしも実践できているかどうか不明です。たぶん発音は乱れます）。

概して、日本人は英語学習において、発音やイントネーションなど英語の音声面を軽視しています。おそらく教員にも問題があると私はにらんでいます（コラム①「サッカーと英語教師」参照）。

日本語と英語、相性が悪すぎる

鳥飼玖美子氏がいう二番目の「距離の壁」とは、英語という言語と日本語という言語の距離が遠いという事実です（『話すための英語力』p.21）。

米国の国務省（日本の外務省に相当する）には、自国の官僚や外交官、政府職員向けにF SI（Foreign Service Institute 外務職員局）という部署があります。この中の、外国語研修所（School of Language Studies）が公表している、実に興味深い書類があります。私も鳥飼氏の本で知り、ダウンロードしました。Five Year Workforce and Leadership Succession Plan（2016-2020）です。この冊子によると、英語と、世界で使われている約七〇の言語との「距離」（「英語との距離＝困難さ」を示すカテゴリー）が示されています（**表1**参照）。

外交官や官僚向けに外国語の研修を受けさせるときに、世界の言語を四つのカテゴリーに分けて、目標達成までの期間（週数と授業時間数）を記しているのです。授業は濃密です。

「通常一クラス四名程度の少人数クラスで、一日に四―五時間の授業、一時間がコンピューター教室、数時間を宿題などの自習に当てるという集中訓練」であるそうです。おそらく最新の言語学の成果も取り入れられて効果的な外国語学習の方法が実施されているに違いありません。

これによると、米国人（英語を母語とする人）にとって、もっともやさしい外国語（カテゴリーI）として、デンマーク語やフランス語など九つの言語が挙げられています。対して、英語を母語とする人には極めて難しい（例外的に困難な）言語群（カテゴリーIV）には、日本語、中国語、韓国語、アラビア語の四つが挙がっています。

表1 英語からみた外国語習得の難易度カテゴリー （米国務省・外務職員局、Foreign Service Institute）（英語を母語とする受講生が、外国語を習得するまでにかかる時間を表す）

カテゴリー	言語	目標達成までの時間（週数）	授業時間数	説明
I	デンマーク語、オランダ語、フランス語、イタリア語、ノルウェー語、ポルトガル語、ルーマニア語、スペイン語、スウェーデン語（9言語）	24 － 30 週間（フランス語のみ30週間）	600 － 750	英語と密接な語族関係にある言語（英語を母語とする人が一番簡単に学べる言語）
II	ドイツ語、インドネシア語、ハイチ・クレオール語、マレー語、スワヒリ語（5言語）	36週間	900	カテゴリーIよりも習得に時間がかかる言語
III	アルバニア語、エストニア語、ロシア語、フィンランド語、ポーランド語、ヒンディー語、ウルドゥー語、チベット語、ネパール語、ベトナム語、タイ語、モンゴル語、クルド語、タガログ語、ソマリア語など（50言語）	44週間	1,100	《困難な（hard）言語》英語とは似ておらず、II以上に習得が困難
IV	アラビア語、中国語、日本語、韓国語（4言語）	88週間（10カ月の現地滞在を含む）	2,200	《最高に困難な（Super-hard）言語》英語を母語とする話者には「例外的に難しい（exceptionally difficult）」言語

出所：米国務省のFSI（Foreign Service Institute）https://www.state.gov/documents/organization/247092.pdf（2018年2月4日検索）

右記の目標達成とは、「自分の専門で仕事ができる言語運用力」（Professional Working proficiency）を目安にしているようです（『話すための英語力』p.22)。

この分類表から分かることは、日本語は、英語を母語とする人からは最難関の言語の一つであるということです。裏返して考えてみると、日本語を母語とする人にとっても英語はかなり困難な外国語であると言えます。言い換えれば、日本語を母語とする人が、実務で必要な英語力を得るためには、米国の外務職員局と同じような少人数方式で、集中的に行えば、一年半ですむのかもしれません。しかも、その間は、他の仕事も勉強もまともにはできない状態で、です。

このように、英語と日本語との間には非常に遠い「言語的な距離」があるという認識を持つことが大事です。

「本気度」が問題

先ほど、普通の日本人は、中学、高校、大学と一〇年間も英語を習っていると言いましたが、週に三回か四回、大人数のクラスでレッスンを受けても、月とスッポンのような差があることに注目すべきだと思います。少人数で、しかも集中的にレッスンを受けることができるなら、八八週間の方法が合理的ではないでしょうか。知識がゼロの状態から八八週間びっちり特訓を受け、しかも自分を現地の言葉に浸る状態に置き、仕事をその言語で遂行できるのなら、「私もやってみたい」と思う人はたくさん出てくるかもしれません。ただし、その間、日本語で仕事はできず、外国語の訓練だけに向かうのですから、覚悟は必要です。

よく日本人は、英語圏の人が少しでも日本語を話すと、相手の日本語を大げさにほめます。彼らがほんの一言「ごちそうさまでした」「その着物きれいですね」と言っただけでも、「日本語がお上手ですね」とお世辞を言います。日本語が英語を母語とする人には難しいと思いこんでいます。これとまったく同じことが、私たち日本人が英語を話すときにも起きているということに気づいても良いと思います。確かに日本人は英語が得意ではありませんが、ほとんどの人は海外旅行をするときに、店で何かを買いますし、日本にいて外国人旅行客の道案内ぐらいはたどたどしい英語でもできているではありませんか。よくやっていると思います。

余談ですが、日本文学研究者のドナルド・キーン氏は、日米開戦の緒となった日本の真珠湾攻撃直後の一九四二年二月に米海軍日本語学校へ入学し、翌年一月までの一一カ月間に、軍の仕事として必要な日本語のほか、日本軍の命令・暗号解読に必要な言葉を学んだそうです。米国には、日本語だけでなく、世界の言語を自国の専門職員に習わせる科学的な外国語習得方法が早くから開発されていたのでしょう。

こういう事情を知ると、日本人の英語学習に対する「本気度」を疑いたくなります。

日本人が英語ができないのは、当たり前です。第一に、勉強量が圧倒的に少ない。第二に、そもそも、日本語と英語の二つの言語の間の距離がありすぎます。第三に、その割に、遠い外国語である英語を習得する「やる気」が希薄ということが言えるかもしれません。

コラム① サッカーと英語教師

ＦＩＦＡワールドカップの仕事をしていた時、仕事の合間によく同僚とサッカーの話になった。

ある時、こんな話をした。私が訊ねた。

「日本って、サッカー人口が多い割に、そんなに強くないのはなぜだろう？　オランダやポルトガルって小さな国だけど、本当に強い」

「うーん、いろいろ理由があると思うよ。伝統の要素は大きい。芝生の練習場がちゃんとあるかどうかという練習環境の問題もあるよね」

「土のグラウンドじゃ、スライディングできないもんね」

「それよりも、日本のサッカー事情って、日本人の英語と似ていると思うんだ」

「え？」

「日本人って、英語、下手だよね。それと同じ」

「？」

「良い先生がいないのに、良い生徒が育つはずないんじゃないの？」

同僚が言うには、いくら日本でサッカー人口が増えたと言っても、かんじんのコーチが選手の数に見合っただけいない。それはちょうど、「英語と日本人の関係に似ている」というのだ。

同僚が育ったのはいわゆる田舎町。中学も高校も英語教師の発音は「もろにカタカナ英語」だったと言う。英語は好きだった、きれいな英語を話したかった。しかし、英語の正しい発音は恥ずかしくてできなかった。NHK英会話の講師の発音を真似ようものなら、「キザだ」とからかわれる。東京に来るまで、「英語のネイティブスピーカーを見かけたこともなかった」という。

「日本の子供たちのサッカーも同じではないか」と彼は言う。「キーパー以外、全員がボールに群がる。先生や指導者がいないと、そうなるよ。入門の時期にこそ、きちんとしたコーチが必要なんだ」と続けた。

まもなく日本全国で、小学校三年生から英語が採り入れられる。音声面に力を入れた英語教育というが、一体どこから、発音やイントネーションを教えられる教員を集めるのだろうか。同僚の「先生が下手なのに、生徒がうまく英語を話せるはずがない」というセリフが頭を横切る。

#2 英語コンプレックスの病理

#1で見た米国務省の「外国語習得の難易度カテゴリー」で、英語のネイティブスピーカーからすれば日本語が最難関の言語であることを知れば、日本人が「英語ができない」と言って嘆くのは筋違いであることが分かると思います。

そもそも日本では、程度の差こそあれほとんど全ての人が「英語コンプレックス」という病にかかっているように見えます。

そんな中で「今の時代、英会話ぐらいできないとね」「外国人に道ぐらい教えてあげたい」という学生や、「外国人顧客との打ち合わせで有利に交渉をすすめたい」という社会人や「国際学会ではきちんと英語で発表をして、賞賛を集めたい」と思っている研究者は多いと思います。政治家なら「CNNやBBCのインタビューを受けて、直接、世界に向けて語りたい」と思うでしょう。

そもそも西欧崇拝があった

英語コンプレックスの源流は、明治以来の西欧崇拝に求められそうです。鎖国状態から「開国」する段階で、相対した西欧人は自分たちよりも大きく、強く、きらびやかで、見たことのない道具や機械、絵画や音楽を持っていました。このような人たちに歯向かっても勝ち目はない。このような人たちになりたい。このような人たちの仲間になりたい、一刻も早く。

そんな切羽詰まった思いが、開国から明治期にあたって日本人のリーダーの間に広がったのではないでしょうか。西欧列強の国、なかでも成熟した大英帝国の覇権と新興国である米国の興隆から、明治政府としても、英語に重点をおいた西欧文物の摂取に力を入れます。

そもそも日本において、良きものはすべて外国から来るという認識がありました。古くは中国、江戸期においてはオランダ、幕末以降は英語圏やフランス語圏、ドイツ語圏のものを学ぼうとする傾向がありました。これが行き過ぎたのが、鹿鳴館に象徴されるような極端な欧化主義でしょう。「西欧人のようになりたい」という深層心理が形成されたのかもしれません。

「脱亜入欧」という言葉がスローガンになったのもこのころでした。脱亜入欧とは、ヨーロッパを「文明の進んだ地域」、アジアを「遅れた地域」とみる、当時の近代化への合言葉です。日本はアジア諸国との連帯は考えずに西欧近代文明を積極的に摂取し、西欧列強と同様の道を選択すべきだとする主張です。以来、日本において西欧崇拝意識が形成されました。特に、当時の富国強兵や殖産興業の政策のもと、文部省と工部省が英語圏から大量のお雇い外国人を迎えたこともあり、フランス語やドイツ語でなく英語が西欧文明導入の手段になったのだと考えられます。英語コンプレックスを考える時、開国、そして、幕末から明治期の西欧崇拝に行き着くように思います。

日本語だけで間に合う

現在、日本で中学、高校の六年を過ごすということは、その間ずっと毎週何回かやってくる英語の授業から遠ざかることはできないことを意味します。英語が好きな人は自分の英語の進歩を確かめながら、母語でない豊かな世界を味わうことができます。ボキャブラリーが増え、先週読めなかった文章が今週読めるようになります。上級者になってハリウッド映画やドラマに触れれば、「あの言い回し、使える。今度試してみよう」と映画を観る喜びも増えるかもしれません。自分の話す英語が少しでも外国人に通じれば、大きな喜びになります。英語を習得し続けることで、見知らぬ世界へ進むことができるわけです。

しかし英語が苦手な人、何かの拍子に英語の授業でつまずいた人は悲惨です。週三―四回の英語の授業が苦痛以外の何ものでもなくなります。目的もないのにやりたくもないことをさせられて、覚えたくもない英単語を暗記しなければなりません。これが六年も続くのです。

日本において、中等教育の段階で、英語の位置づけが特殊なのは、入試に英語が課されている点にあります。理系であろうが文系であろうが、多くの大学が英語を入試科目（外国語）に指定しています。しかも、概して配点が高く、入試科目の中で「英語」が大きく君臨しているように見えます。

英語の配点を高くしているのは、英語で高得点を取る人は、大学に入った後もいろいろな科目の履修において優秀な成績を収めるという経験則でもあるからでしょうか。入試で英語が高得点であることと、大学入学後の科目履修のパフォーマンスの因果関係については、そのような調査結果があるなら見てみたいです。

現実に目を向けると、日本にいる限り、ごく普通の人が社会生活を営む上で、英語を使えないために困ることはありません。私には外国人の友人がいますが、彼らと話すとき、私は日本語を使うようにしています。彼らの多くは、日本語で話し掛けられることを望んでいます。

国内にいる限り、すべて日本語で用が足ります。大学で最先端のことを学ぶにしても、授業は日本語で行われ、日本語の教科書が整っているのです。日本の大学では、語学や外国文学をのぞけば、政治学も経済学も社会学も理工系でも、たいてい日本語で書かれた教科書で教育が行われています。ひどい場合は、シェイクスピアをテーマに選んでも、日本語の文献だけで卒論が書けます（もっとも、文科省や多くの大学が、「大学の世界ランキング」を気にしだしてからは、「大学の国際化を」をモットーに、英語による授業が奨励されています。私も「日本の論点」というジャーナリズム関連の授業を受け持つことがあります）。

企業に入っても、外資系企業や海外との取引が活発な商社などの企業や英語を業務にしている部署を除けば、たいていの場合、日本語だけで間に合いそうです。最近では、企業として英語に対応するために、部署として通訳者や翻訳者の集団を置くところも出て来ています。英語が必要な場合は、これらの部署が支援するということです。

ここから言えることは、今の日本では、ごく普通の人は英語ができなくても、問題なく暮らして行けるということですね。そのことに多くの日本人が気づいているから、英語学習に身が入らないのではないでしょうか。「日本人は英語が下手だ」という状況は、元をたどれば、英語を真剣に勉強する必要がないことと関係がありそうです。

英語に頼らざるを得ない

ところが、一歩でも日本を離れると、英語が共通言語のような役割を担っています。世界は英語で回っているのではないかと感じてしまう現実があります。

表 2　世界で話されている言語　（上位 12 言語）

		世界で話している人の数	母語とする人の数
1	英語	15 億人	3 億 7500 万人
2	中国語	11 億人	9 億 8200 万人
3	ヒンディー語	6 億 5000 万人	4 億 6000 万人
4	スペイン語	4 億 2000 万人	3 億 3000 万人
5	フランス語	3 億 7000 万人	7900 万人
6	アラビア語	3 億人	2 億 600 万人
7	ロシア語	2 億 7500 万人	1 億 6500 万人
8	ポルトガル語	2 億 3500 万人	2 億 1600 万人
9	ベンガル語	2 億 3300 万人	2 億 1500 万人
10	ドイツ語	1 億 8500 万人	1 億 500 万人
11	日本語	1 億 2800 万人	1 億 2700 万人
12	韓国（朝鮮）語	7800 万人	7800 万人

The Statistics Portal 調べ（2017 年。statistia 社ウェブサイトから）

データをみても、英語は世界中でもっとも多くの人に話されています。ネット上の統計サイトstatistia社（The Statistics Portal）によると、「世界で最も話されている言語ランキング」（the most spoken language worldwide）では、英語が一位で、世界で英語を話す人の数は一五億人です。二位は中国語の一一億人。三位はヒンディー語（六億五〇〇〇万人）で、以下スペイン語（四億二〇〇〇万人）、フランス語（三億七〇〇〇万人）、アラビア語（三億人）と続きます（**表2**参照）。

しかし、それぞれの言語を母語とする人の数をみると異なった様相が出てきます。英語を母語とする人は、三億七五〇〇万人です。この統計（表2）では、中国語を母語とする人は九億八二〇〇万人です。つまり、中国語は世界で話す人の数は多いですが、ほとんど中国国内に限られているということになります。似た事情は日本語や韓国（朝鮮）語にも当てはまります。この統計によると、日本語は世界で一億二八〇〇万人が使っており、日本語を母語とする人は一億二七〇〇万人となっています。

このデータを見る限り、どの国の人であれ、国際社会で活動するならば、世界で最も多くの人が使っている英語を使うのが一番便利だということが分かります。外交上もビジネス上も、つまり日本政府も民間企業もさまざまに押し寄せる世界の波の中で活動するならば、英語に頼らざるを得ない状況を映しているようです。

先ほど、日本人が国内で生きていくには、日本語だけで大丈夫と言いました。ところが、一歩、国外に出ると、英語を使えると何かと便利であることが分かります。世界を相手に、日本政府が国益を求め、日本企業が営利を追求するために、英語を駆使する必要があると言ってよいと思います。実際に折衝や交渉にあたる政治家や政府職員、民間企業の国際担当の従業員、世界の動きを伝えるジャーナリストには高い英語力が求められそうです。

日本という国の難しさは、国内的には世界から孤立した言語である日本語で回っているのに、いざ各国と触れ合う段階で、英語に頼らざるを得ない点にあります。日本語一辺倒の国が、英語一辺倒の世界と丁々発止、コミュニケーションを取らざるを得ないのですね。

そして、日本人と英語との関係でいうと、すでに述べたように、（1）日本語と英語との距離はあまりに遠く（距離の壁）、（2）英語習得に十分に時間をかけていない（時間の壁）、という二重苦を日本は背負っている現実があるのです。

この二重苦の中で、少子高齢化で国内市場において失速する産業界は、市場を海外に求めざるを得ません。焦るあまり、国や大学、学校に「英語が使える人間を養成せよ。早期教育を」と要求します。国もその緊急性を理解する姿勢を示すことから、「英語教育の拡充」を全国の学校で推進しているのではないでしょうか。二〇二〇年度から、小学校の三年生から英語の時間ができます。しかし、まともな教員が全然足りないことも省みず（コラム①「サッカーと英語教師」参照）、英語教育の早期化に向けてひたすら走っているように見えます。

この難局を乗り越えるには、国内においては、日本語だけで回している日本人が、どうやって英語一辺倒の世界と渡り合っていけばよいのかについて考えなければならないのです。

コラム② 日本では日本語を

「一年以上、日本で暮らしている人には、ボクは日本語で話すことにしている。だって、ここは日本じゃないか」

通信社に入って間もないころ、職場の先輩が私にこう言った。彼は私より一五歳以上年上で、ベトナム戦争を取材したベテラン記者。会社生活の半分近くを海外駐在（特派員）として過ごした。

「そう思わないかい。ここは日本だ。相手が米国人であろうが何であろうが、ここにいるなら、彼らは日本語を話すべきじゃないかな」

当時は私は仕事上であれ、何であれ、出会う外国人には英語で話していた。先輩は私のそのような行動に「外国人に媚びた」態度を見ていたのだ。

明治以来、いちずな西欧崇拝が日本全土を覆ってきた。今なお、テレビコマーシャルではガイジン（西欧人風）の白人男女が幅を利かせている。かっこ良さをアピールするために、英語や英語もどきを会社名や製品名にしたがる。自動車や化粧品の名前で日本語のものは少ない。マンションの名前はたいていカタカナだ。ポップスの歌詞ではサビの部分などに英語を「部分的に」取り入れているものが多い。部分的というところが哀しい。

日本にいて外国人とみるや英語で話し掛けることには次の点から考え直したほうがよいかもしれない。

（1）相手は日本語を話したがっているかもしれない
（2）相手が英語圏の人なら、こちらからかたことであっても英語を話すと、進んで自分を不利な立場に置くことになる
（3）相手の日本語を習得する機会を強引に奪っている
（4）相手を「教材」扱いにしていないか

もちろん、外国人にとっては日本語は習得の難しい外国語だろう。「日本語で話かけられても、困る」人も多いと思う。しかし、日本は彼らにとっては訪問国だ。「郷に

入っては郷に従え」。よその国に住むなら現地語に慣れるのが筋だし、結局はお互いに良い効果を生むのではないか。

#3 英語一強という不公平

日本人が世界の中で生きていくためには、英語が必要なことは分かりました。ここで注意が必要です。英語が事実上の世界共通語であるならば、英語を母語とする英国人や米国人、オーストラリア人が「圧倒的に有利」です。それ以外の言葉を母語する人たちは「不利」、表1（55ページ）で見たように、英語から言語的に遠い日本語、中国語、韓国語、アラビア語の人たちは「圧倒的に不利」な立場に立たされます。とんでもない不公平が生じます。

確かに、表2（67ページ）を見ても、英語は事実上の「世界共通語」の地位にあります。世界中のどの空港でもホテルでも、まちがいなく英語は通用します。英語以外にそのような言語は存在しません。一〇〇年前ならフランス語がまだ国際社会で使われていたようですが、世界はいつのまにか「英語一強」の時代になった感じがします。

英語を母語とする人は、実用面で言えば、世界を旅してもコミュニケーション上、困ることはあまりありません。その一方で、英語が全然できない場合、コミュニケーション上の途方もない遠回りをしてしまうことになります。

「英語＝世界共通語」を承認してしまうと、英米人、オーストラリア人、（英語圏の）カナダ人が圧倒的に有利、日本や韓国、アラビア語の国が圧倒的に不利になる状態のことを「英語支配の構造」とか「英語帝国主義の現象」と呼ぶことがあります（津田幸男著『英語支配の構造』）。つまり、英語によって「支配する側と支配される側」ができてしまうということですね。

英語支配とは何か

英語を母語とする人間と、英語を母語としない人間が、英語で話をするときのことを考えてみてください。あるいは、英語を自在に操る人間と、英語に苦手意識を持っている人が英語で会話する状況も同じです。つまり、英語をより自在に操れる人が常に上位にあって、そうでない人が下位に置かれます。「支配し、支配される」関係が自然と出来てしまいます。このことが「英語支配の構造」と呼ばれます。

普通の日本人が英米人と英語で話すときには、力関係が自然に生じます。日本人は最初から屈服しているようなものです。私も英米人と話をする時はたいていそうなります。相手の言うことがうまく聞き取れず、こちらの言いたいことも、日本語を使っている時のように的確に伝わりません。英語を母語としない日本人は、英語が話されている場では、著しく表現が制限されます。

国際会議では、英語が事実上の公用語である場合がほとんどです。お金があれば通訳者を同伴できるかもしれません。英語を母語とする人たちはそのような苦労はゼロなのですから、不公平としか言いようがありません。会議だけでなく、議事録は英語で作られることがほとんどです。

日常では、英語を母語とする人と話をしていて、ニュアンスが伝わらず、「大筋が合っていれば、それでいいや」とばかり、自分の主張がトーンダウンすることはよくあることです。どちらに転んでも大差がないような話では、私はあきらめます。しかし、空港でのフライトの変更手続きや、病院のカウンターで窓口を訊ねる時など、口頭でやりとりする場合は、母語の時には考えられないほどしつこく確認します。

また、微妙な話の展開で、自分の立場に影響するような会話の場合は、何度でも別表現を考えて相手の反応を見るようにします。それでも不安があれば、「あとでメールするから」と、文章でのやりとりにつなげることもあります。

皆さんの中でも、外国のレストランで注文したものとは違ったものが出てきて、あきらめて、出されたものを食べたという経験を持つ人は多いと思います。外国に行くということは、そういうことなのですね。

日本人の場合、「英語支配の構造」で損する経験は誰にでもあるのではないでしょうか。

柳家小三治さんのNY体験

英語が通じないためにおきた、悲しいトラブルについて、私が聞いた極端な例で、こういうことがありました。

日本人男性二人が、初めてニューヨークを旅した時のことです。セントラルパークを歩き回り、憧れのジャズクラブに向かう途中で、一人がおなかの調子が悪くなって、トイレを探します。しかし、見当たらず、「あのレストランで借りてくるわ」と言い残して、店に消えて行きました。残されたもう一人は、店の外で待つのですが、一五分たっても友人が戻ってこない。そこで、心配になって、おそるおそる店に入ると、なんとトイレを借りるために入った友人は、テーブルでハンバーガーを食べているのです。

「え、おまえ何やってんだよ」「すまん、言葉が全然通じず、店の人が何か言っているうちに、こうなった」

この話を初めて聞いたとき、大笑いをしましたが、やがて、「うーん、これに近いことは、割と頻繁に起きているかも」と冷静になりました。トイレを借りるぐらいの英語表現は、いくら旅人であっても、あらかじめ用意すべきです。また、この人の場合、言語の問題というよりは「ノー」を言わなかった気の弱さもありました。日本で強気の人も、海外では借りて来た猫のようになる典型例です。

ちょっとした英語のやりとりができないために、海外で思わぬトラブルにあった経験を落語家の柳家小三治さんが、おもしろくまとめています（『ま・く・ら』）。ニューヨークのケネディ空港に着くや、言われたとおりのタクシー乗り場に行く途中で、親切を装った白タクに捕まって、法外な料金を取られる話が出てきます。また、ホテルの部屋でロックアウトされたものの、従業員とのやりとりができないために、三時間半も廊下で待ち続けた話もあります。その間、廊下で従業員とニコッとする言葉のないやりとりがありますが、何の解決にもならなかったエピソードが紹介されています。笑いに昇華させていますが、涙ぐましいです。おもしろいですが、やがて、悲しくなります。

レストランの言いなりになって、食べるつもりのなかったハンバーガーを食べるぐらいでは、笑い話ですみます。しかし、下手すれば、相手国に行って、ちょっとしたトラブルで、英語ができないために警察ざたや裁判ざたになることだって十分考えられます。

私が知っている悲惨な例では、生徒を引率して米国を訪問した九州の高校教師の事件があります。宿泊先のホテルで、米国人の目からすればハラスメントと目される行為をし、第三者に警察に通報されたのです。その先生は結局何日間も拘留された後、裁判にまでかかったそうです。領事館に電話したり、弁護士を呼ぶことはおろか、警官にうまく英語で説明ができませんでした。かたことの英語で説明すればするほど、警察の不審を招いたのか、一〇日間ほどの米国旅行のはずが、一年近く、米国で拘留されました。その間、日本には帰れませんでした。

「私って、英語うまいでしょ」

英語支配の構造の中では、「英語ができる（多くの場合は、「英語が話せる」「英語で会話ができる」）こと」が物事の価値を計る尺度となります。このため、「英語ができる人」や「自分で英語ができると思っている人（実は、第三者がみるとできていない場合も多い）」は、自分の英語を見せびらかす傾向があります。

つい最近、こんなことがありました。日本に二五年暮らした南アフリカ（共和国）人（男性。配偶者は日本人）と話していた時のことです。彼は、日本語を普通に話すので、パーティー会場で、私と彼は日本語で話をしていました。そこへ、遅れてやってきた共通の知人（日本人）が、いきなり英語で割って入ってきたのです。私たちは日本語で話し続けますが、遅れて来たその人は外資系金融機関の有力者であることを示したかったのでしょう、英語をやめません（特にほれぼれとするような上手な英語でもありません）。南アのその人も私も、日本語で話を続けるのですが、彼だけが英語で話します。うざいと思ったので、私は「あのう、日本語にしませんか」と提案したほどです。南アのその人は、私を好意的にフォローしてくれました。

都内で開催される国際セミナーやシンポジウムで、同時通訳者がイベントを支えている場面は普通にあります。ここで、二回に一回ぐらいの割合で目にするのが、困った日本人です（なぜか男性であることが多い）。質問の時間に威勢良く手を上げて、英語で、的外れの「質問」をします。その場合、英語はお世辞にも上手とは言えず、何を言っているのか分からないことがあります。長い時間がその人の「リサイタル」に独占されてしまいます。同時通訳者がいるのだから、日本語で発言し、質問することが礼儀にかなっています。おそらく、質問するために発言しているのでなく、「私って、英語うまいでしょ」とばかり、英語を見せびらかすために来場しているのかもしれません。

ふだんの日本語の会話の中に、英語を多用する人も、多かれ少なかれ、根底には同じような間違った優越感があるのではないでしょうか。お笑いの芸であれば、それは楽しいですが、加藤周一氏が言う「悲しいカタカナ語」（１４１ページ参照）の状態になります。

表紙だけ英語

英語支配の構造は、英語を話すことは「かっこ良い」という刷り込みと関係がありますが、実は今なお、日本ではふだんの生活に随所に見られます。開店時間を、和式英語のまま「a.m. 9—p.m.10」と看板に表記するレストランやカフェはどこの街でも普通に見られます。なぜ、「午前9時」「午後10時」としないのでしょうか。英語式にしたいのなら、せめて「9 a.m.—10 p.m.」とするとかっこ良いでしょう。

メディアも「英語支配」を増長させています。ニュースであれ、バラエティーであれ、番組放送で、開始を知らせるオープニングは、内容に関係なく英語が使われていませんか。FM放送の音楽番組のオープニングで、英語が用いられるのはむしろ普通です。東京で毎晩放送されている民放ラジオのニュース番組があるのですが、番組開始と同時に流れてくるのはアメリカ英語です。番組の内容からすれば、英語が用いられる必然性はなく、単なる番組の開始を知らせる呼び込みの「表紙部分」に過ぎません。この番組の司会者が英語を使うのを私は聞いたことがありません。

雑誌や書籍の「表紙」に、英語を用いるのは、日本では常套です。あまたの商品名に英語や英語もどきが氾濫していることは、あまりに日常的です。マンションや自動車の名前は、ほとんどが英語式です。会社名もカタカナ書きのものが増えました。

英語（あるいはヨーロッパの言葉）を使うのが、かっこ良いと思っている人が多数を占めるので、このような現実があるのだと思います。しかも、これは今に始まったことでなく、過去数十年指摘されてきたことでもあります。

生活の中に、「表紙」部分つまり、見栄えのためだけに英語（西欧語）を用いるのは、日本や日本語が英語支配の構造の中にあるからだと言えそうです。しかも、残念なことに、そして恐いことに、あまりにこの状態に慣れ過ぎているので、無意識のうちでも英語指向を続けているかもしれません。根底にあるのは、「あの人は英語がうまい」と思われたいという願いです。つまり、他人からの評価が大事なのですね。「英語できます」というファッションを身にまとっているのです。

コラム③ 尖閣諸島を英語で

英語で会話をしていて困るのは、中国の地名と人名だ。中国のことが話題になりそうになると、黄色信号が自分の頭の中に点滅する。相手の会話にうまく乗れる自信がない。中国の人名や地名を英語で聞いても分からないことが多いし、発音もできないからだ。

最近では中国のプレゼンスは高まるばかり。中国のことが話題にのぼる。相づちを打とうにも、文脈から割り出さないと誰のことを言っているのか分からない。先方は当然、私がその人名を知っていると思っている。

例えば、国家主席の名前。日本にいる限り、習近平は「しゅう・きんぺい」である。しかし、この発音は日本だけでしか通用しない。世界中で「しゅう・きんぺい」と言っているのは、日本人だけだ。日本で「シー・チンピン」と言われて即座に分かる人は少ない。

国家主席くらいの大物なら、話の文脈で察しはつく。しかし、それより下位の人物の名前はお手上げとなる。昔から教養として、毛沢東は「マオ・ツォトン」、蒋介石は「チャン・シェーシー」とわざわざ覚えた。

日本と中国の間では一応の合意があり、双方は相手の国の固有名詞を自国の言葉の発音で発音することになっている。習主席を日本で「しゅう」と呼ぶように、安倍首相は、中国では中国式に発音される。中国では「田中」も「山本」も中国式に発音する。日本人の場合、中国で自分の名前が呼ばれても、自分のこととは分からない。

他方で、漢字を使わない韓国と日本との間では、お互いに現地の発音を尊重することになっている。日本では、現在の韓国の大統領はムン・ジェイン（文在寅）と現地の発音で呼ぶ。田中や山本は、韓国でも「たなか」「やまもと」だ。

外国人と話す機会の多い人は、話題になりそうな中国の地名や人名の「読み方」をチェックしておいた方がよい。「尖閣諸島」を英語で何というか知らないと、国際社会で日本の主張が通りにくくなる。

新聞や雑誌で、中国人の名前にルビをふっているのを見かける。この方法が普及しないだろうか。何もないよりはましだ。少なくとも、発音を試し、会話の相手に助けてもらうことができる。

#4 世界共通語としての英語を

英語が母語の人間は、英語の土俵では、生まれながらに特権的な状態にあります。#3で見たように、日本人の中には、欧米系、中南米系、アフリカ系の外国人を見るや英語で話し掛ける人がいます。誰からも言われていないのに、自ら支配される側に身を置くのと同じですから、英語を母語とする人にとって、こんなに好都合のことはないと言えるでしょう。そういう状況を目の当たりにすると「私も英語の国に生まれたかった。英語が通じない国や地域はめったにない。世界中が自分の庭になる」と思う人がいるかもしれません。

しかし、英語を母語にする人は、何か損をしたり、マイナス点を科せられることはないのでしょうか。つまり、英語を母語とする人は、国際舞台で何の努力もせず、コミュニケーションができる、世界中どこに行くにも言葉の心配がない、といいことずくめなのでしょうか。

「英語支配」から脱却を

世界共通語としての英語は、英米人の英語でなく、英語を母語としない人が運用している国際英語です。先ほどのデータ（表2）では、世界的に英語は、一五億人の人が使っているかもしれませんが、ネイティブスピーカー（母語とする人）は、そのうちのわずか三億七五〇〇万人です。つまり、世界の英語人口の四分の一の少数派です。英語を母語とする「本家」の人が、必ずしもすべて順調とならない場面も出始めているようです。

よくみると、彼らにとっては「不都合な状況」が急速に進行しています。自分たちが正しいと思っている英語はもはや世界標準の英語でなくなっているのです。下手すれば、彼らの英語が通じない場合さえあります。異文化コミュニケーションの分野では、英語を、（1）「英語（英語を母語とする人の英語。つまり、英米人、オーストラリア人などの専有物としての英語）」と（2）「国際英語（世界共通語としての英語。あるいは、英語を母語としない人の英語）」の二種類に分ける傾向があります。今では急速に（2）の国際英語が主流を占め始めています。

少し前まで、日本について言えば、英語を習う意義は、明治以来の近代化路線の中で、ひたすら西欧圏の文明を取り入れることにありました。これには、英語の背後にある英語圏の人たちのものの見方や考え方を学ぶことが含まれていました。つまり、英語の習得はその背景にある文化や歴史を学ぶことがセットになっていたのです。そうやって、西欧風の考え方や論理を身につけようとしたのだと思います。これが、（1）の英語の場合です。

しかし、（2）の国際英語は、そのような特定の国や民族の文化や歴史を学ぶことからは脱却しています。国際化、グローバル化したことによって、世界共通語としての英語では、言葉に張り付いた文化や文明は希薄になります。情報のやりとりができれば良いということになります。

この点を考えずに従来のやり方で、英語を学べば、英国の英語（よく言われるクィーンズ英語＝英女王の英語）や米国の英語（例えば、ハリウッドから世界に届けられる映画で用いられる英語）を「模範的な英語」と思ってしまい、「英語支配の構造」の罠に自分からはまってしまう危険があります。

「英語が事実上の世界言語になってしまった、そして、日本人も英語に習熟しなければならない」という場合の英語が、世界共通語としての英語であって、クィーンズ英語でもなければハリウッドのスターが話す英語でもありません。私たちが最終目標とするのは、英米人（ネイティブスピーカー）のような英語を母語とする人たちの英語ではないのです。

米国人と英国人、日本で少数派外国人

私たちが習得するべき英語が、必ずしも「本場の英語」、つまり英米人の英語、でなくても構わない、というのは、日本にいる外国人の出身国を見てもよくわかります。実は「本場の英語」を話す人は、日本にいる外国人の中ではかなり少数派です。

表3を見てください。これは二〇一七年に日本を訪れた外国人旅行者数を国ごとにまとめた表（日本政府観光局調べ）です。総数で約二八七〇万人の外国人が一年間で日本を訪れたことが分かります。

国別の内訳を見ると、二〇一七年は、中国からの旅行者が最も多く（約七三五万人）、続いて二位は韓国（七一四万人）、三位は台湾（四五六万人）です。英語を母語とする国として最も多いのが米国（一三七万人）で第五位です。オーストラリアは七位（四九万人）、英国は一二位（三一万人）です。英語が公用語であるシンガポールは一〇位（四〇万人）です。

母語を英語とする人が少ないということが分かると思います。

この状況を示すもう一つのデータ、**表4**を見て下さい。この表は日本に暮らす外国人の数を示しています（法務省統計）。

二〇一六年末の段階で、日本には総計で約二三八万人の外国人が滞在しています。国別で見ると、一番多いのは中国出身者で約六九・五万人です。日本に暮らす外国人全体の二九・

二％を構成します。二位が韓国（四五・三万人、構成比一九・〇％）、三位がフィリピン（二四・三万人、一〇・二％）、四位ベトナム（一九・九万人、八・四％）と続きます。

英語を母語とする国としては、米国がようやく七番目に登場します（五・三万人、二・三％）。この表には出て来ませんが、英国は一六位です（一・六万人、〇・七％）です。

これらの表を見る限り、日本で出会う外国人として、英米人は七万人で、わずか三％です。この他にも、カナダ人（約一万人。フランス語域出身者を含む）やオーストラリア（約一万人）、ニュージーランド人（約三〇〇〇人）が日本で暮らしていますが、英語を母語とする人は、多めに見ても外国人滞在者全体の五％には達しないと思います。

これらのデータを見ると、日本にいる外国人の割合として、中国、台湾、韓国など東アジアからの人たちが圧倒的に多いことが分かります。「英語を」という時に、「英語支配の構造」が示すように、すぐさま英米人の英語を持ってくる必要はないように思います。それなら、日本人が中学や高校で学ぶ程度の英語、つまり、日本式の英語で、日常のやりとりならできると私は思います。

自分らしい英語を

世界共通語としての英語については、慶應義塾大学名誉教授の鈴木孝夫氏（言語社会学）

表 3　2017 年（1–12 月）の訪日外国人旅行者数
《日本政府観光局（JNTO）調べ》

	国・地域	2017 年（1–12 月）	前年比伸び率（%）
順　位	総　数	28,690,900	19.3
1	中　国	7,355,800	15.4
2	韓　国	7,140,200	40.3
3	台　湾	4,564,100	9.5
4	香　港	2,231,500	21.3
5	米　国	1,375,000	10.6
6	タ　イ	987,100	9.5
7	オーストラリア	495,100	11.2
8	マレーシア	439,500	11.5
9	フィリピン	424,200	21.9
10	シンガポール	404,100	11.7
11	インドネシア	352,200	30.0
12	英　国	310,500	6.2
13	ベトナム	308,900	32.1
14	カナダ	305,600	11.9
15	フランス	268,500	5.9
16	ドイツ	195,600	6.7
17	インド	134,400	9.3
18	イタリア	125,800	5.5
19	スペイン	99,900	8.8
20	ロシア	77,200	40.8
	その他	1,095,700	11.9

JNTO による 2018 年 1 月現在の推定値

が、自ら「イングリッック」と名付ける国際英語について提唱しています(『あなたは英語で戦えますか』)。鈴木氏によると、イングリックとは「ひとまず英語を言語素材として、日本人が言いたいこと、自分のことを言うための手段であって、これは英語をもともと使う人々(ネイティブ・スピーカー)と、それを学習して使う人々(非英語国民)との中間に位置する、妥協の産物」(『あなたは英語で戦えますか』p.85)としています。

加えて、鈴木氏は、「これからの国際語というのは、世界のどの民族も少しずつ、公平にそれなりの負担や持ち出しを覚悟する、大岡裁きにある三方一両損の痛み分けでいくべきだというのが私の考えなのです」と述べています(『あなたは英語で戦えますか』p.89)。

同様のことは、英米人の英語に無反省に追随することに消極的な鳥飼玖美子氏が、「面倒がらずに自分の英語で」という言い方をしていますが、発想は似ています(『国際共通語としての英語』p.43)。

では、その国際英語とはどのようなものなのでしょうか。

世界共通語としての英語について簡単に説明しましょう。

共通語(リンガ・フランカ=lingua franca)としての英語のモデルは、英米人の英語ではありません。鳥飼氏によると、日本人やロシア人、メキシコ人のように英語を母語としない者同士が英語で話し合った時に、お互いがお互いの英語が理解できるかどうかという「分かりやすさ」が基準となるという発想です。各国の人に英語を話してもらい、どの程度その英語

表4　日本に滞在する外国人（2016年）
（国・地域別の数。出所は法務省）

	総　数	2,382,822人	全体の中の構成比（%）
1	中　国	695,522人	29.2
2	韓　国	453,096人	19.0
3	フィリピン	243,662人	10.2
4	ベトナム	199,990人	8.4
5	ブラジル	180,923人	7.6
6	ネパール	67,470人	2.8
7	米　国	53,705人	2.3
8	台　湾	52,768人	2.2
9	ペルー	47,740人	2.0
10	タ　イ	47,647人	2.0
	その他	340,299人	14.3

参考：英国は16位　16,454人（構成比0.7%）
法務省　在留外国人統計
2016年末現在における在留外国人数上位10カ国・地域

が理解できるかの検証を続けながら、伝わる発音の許容度を見極める研究がなされているそうです。

これで言うと、日本人には苦手なtheやtheaterなどのthの音は実は大きな問題にはならないこと、LとRの発音も、前後の文脈から推測が可能なのでほとんど問題にならないことが知られています。実はこれらのことは、英語圏で活躍している日本人は経験上知っています。彼らは特に、発音に熟達した人たちでもありませんが、仕事や研究上で問題なく成果を上げていることを考えると、thの音やLとRも大きな障害ではありません。

ただ、私が日本の教室で聞く日本人学生の、もろもろの「カタカナ英語」が通じる地域はないでしょう。単語一つずつをぶつ切りにして、一個ずつ発音する「マイ・ファーザー・ダイド・スリー・イアーズ・アゴー」はどこの国の人も理解できないでしょう。文章全体を視野に入れて、アクセントやイントネーションに注意する必要があります。英語の発音にはいくつかのちょっとした秘訣がありま す。発音だけが肝でないことを体験的に理解すれば、いわゆる「カタカナ英語」からは割と簡単に脱却できるものです。

「はと時計」を英語で?

ニューヨークの国連本部では、加盟一九三カ国の職員が働いています。ここで長らく勤めた友人(日本人)からこんなことを聞きました。国連では、ふだんの仕事で使われるのはほとんど英語(国際英語)です。さすがに文書としての英語は伝統的な英語やフランス語のフォーマットに依存した英文書式が使われます。しかし、話し言葉はいろいろな国の人がそれぞれのお国ぶりの英語を使うのだそうです。

あるとき、その友人が雑談中に「鳥肌がたった」とケニア人の同僚に向かって話したら、一瞬、相手がぽかんとしたそうです。私の友人は「鳥肌」の部分をチキンスキン(日本語の直訳ですね)と言ったのです。同僚は、「あ、それは、グーズピンプルズ(goose pimples ガチョウのおでき)だね」と訂正したそうです。しかし、そのケニア人との会話では「チキンスキン、なるほど。日本ではそう言うのか。おもしろい」となったそうです。

英語を母語とする人にすれば、グーズピンプルズが正しいのでしょう。しかし、「日本ではチキンスキンというのだ」という主張を続ければ、これが案外、多くの人には受け入れられるかもしれません。

似た経験が私にもあります。米国人に「はと時計」のことを英語で文字通り「ピジョン（はとの意味）・クロック」と言ったことがありました。相手がきょとんとします。「それ何？」。しまった、そんな言い方はないのだ、一瞬冷や汗ものです。説明をしなければと考え始めたら、「それは、クックークロック（cuckoo clock カッコウ時計の意味）」だと助けてくれました。その時、「ピジョンじゃだめか」と訊ねたら、「英語ではそんな言い方はないが、まあ通じると思うよ」と言われました。そこで「日本では、はと時計という。日本ではどこでもはと時計で通じる」と説明しました。

英語で会話をしていて、これまで学ばなかった言葉を使わざるを得ない場合があります。私はひるまず言ってみることにしています。試しに使ってみて、案の定、「今、何言った？」と止められることが多いですが、「日本ではそのように言う」と私はよく説明しています。そして、受け容れられそうかどうか相手の反応をみます。

英米人の英語が通じない？

実は今、異文化間コミュニケーションの場面で、米国や英国で生まれ育ったネイティブスピーカー（英語を母語とする人）たちの「英語力」について「不都合な真実」（？）が取りざたされ始めています。世界中の多様な人々が集まる場で、英語のネイティブスピーカーの英語がきちんと通じるかという問題が浮上しているのです。

英国人や米国人の多くは、実は外国語が得意ではありません。私の米国人の友人で、外国語が上手な人はほとんどいません。これまで見たように「英語支配」の構造では、自分が他の言葉を使わなくても、相手が英語を使ってくれるから、外国語習得の必要性が乏しかったわけです。

しかし今、英米人には皮肉な現象が起きているようです。「国際英語」にうまく適応できない場合があるのです。どうやら、「本場の」英語が不利になることがあるのですね。二〇世紀までは、クイーンズ英語やハリウッド英語が世界的にもてはやされたかもしれませんが、人と情報が自由に往来する今世紀では、英語が国際舞台で自由に改変されているために、ネイティブスピーカーが適合しにくい英語環境が現れているというわけです。

母語にあぐらをかいているうちにまわりの状況が一変したと言って良いかもしれません。「私は米国人ビジネスマン。世界では誰もが英語を話すと思っていた。いざ海外に来てみたら、確かにみんな、英語をしゃべっている。しかし、現地の同僚も取引先も自分の英語を理解してくれない」ということが現実に起きています。

先に述べたように、英語には「英米人の占有物である英語」と「自然にできた国際英語」の二種類があります。英米人が海外で仕事をする環境においても、英語は後者の国際英語である場合が多いのです。しかし、英米人は国際英語が必ずしも得意ではありません。

『ニューズウィーク（日本語版）』（二〇一六年三月七日号）におもしろい記事を見つけました。スペンサー・ヘイゼル氏（英ノッティンガム大学研究員、応用言語学）が書いた「ネイティブの英語はなぜ一番通じないのか」がそれです。

こんな現実を紹介しています。デンマークに住む英国人が言います。

「（デンマークで）仕事を始めたとき、イギリスにいるときと同じように普通に英語を話していたら、周りの人たちに通じなかった」

ここのデンマーク人たちは、世界各国から来た人と英語で仕事することに慣れています。しかし、英語を母国語とする人たちの英語が分からないのだそうです。記事の中で、欧州各国からやってきた人々と英語で仕事をすることに慣れたスペイン人の学生は、「今では本物の英語を理解するほうが難しい」と述べています。

ヘイゼル氏は言います。「そもそも本物の英語とは何かという問題もある」

一口で英語と言っても世界には、英国リバプールやニュージーランドのウェリントン、南アフリカのヨハネスブルクから米国のメンフィス、シンガポールまで、目まいがするほどさまざまな土地で、異なった方言（英語）が使われている、とその記事には書かれていました。

会議後に飛び交うメール

この記事の中には、日本で働く米国人マネジャーが、日本人の部下と意思疎通ができないことも紹介されています。また、海外を行き来する英米人が、自国の文化や言外の意味、ジョークがまったく通じず、フラストレーションの原因になることも記述されています。

一方、英語を母語としない同僚たちから見れば、英語しか話さない英語ネイティブの人たちは努力不足に見えてしまいます。

記事の中で、考えさせられる、次のような現象を知りました。

何人もの多国籍の幹部で構成される企業の会議でのこと。英米人以外の幹部は、米国人と英国人の幹部たちが英語でまくしたて合うような議論にはなるべく口を出さないようにするのだそうです。その代わり、会議の後にメールが飛び交い、別途、意見交換や意思統一が図られるというわけです。会議でさんざんしゃべりまくった英米人は、メールのやりとりには入れてもらえない――。

英語ネイティブの人は、大勢のそうでない相手から距離を置かれる可能性があるということをこの記事は教えています。

私の同僚は、この話と似たような経験をしました。シカゴで国際学会の準備会議を開いたときのこと。米国、アルゼンチン、フランス、中国、日本から五人の学者が、英語で打ち合わせました。会議後の懇親会で、米国人が途中退席してから、ある学者の一言で、急に盛り上がりました。「あの米国人の英語が一番分からないわね」

かつて英語支配の構造はとても堅固に見えました。しかし、いつのまにか状況は変わりました。英語を母語とする人は世界を飛び回り、各地の人間と表面的にはうまいやりとりをしているつもりです。しかし、案外言っていることが理解されず、あとで他の人たちにメールで発言内容を確認されていたりするかもしれません。もしかすると、英語ネイティブの人たちが、実は国際社会でさりげなく外されている？　これは新たな問題です。

コラム④ 日本語を使っていると戦争に負ける？

太平洋戦争が起きる前に、「日本は、日本語を使っている限り戦争に負ける」と予言した米国人がいた。まだ、日本と米国の間で学術交流が活発で、研究者が行き来していたときの話。米国のある会合に、来日経験のあるノーベル化学賞のラングミュア博士が、日本人のN博士とともに出席していた。

ある人が「日本は将来、アメリカに戦争をしかけるのではないか」と切り出した。ラングミュア博士が「それはない」と答えた。

「日本は、近代総力戦はできない。日本語がむずかしすぎる」

そこで、ラングミュア博士は親しいN博士を呼んで、「私はタイプライターで、Nさん、あなたはペンで、それぞれ文字を書く時間を計算しよう」と実験を提案した。

「よーいドン」とばかり、ラングミュア博士は、「飛行機」「潜水艦」「機関銃」「無線通信」などの軍事用語を一〇個ほど順番に挙げて、二人の学者が、それぞれの単語を自国語で書いた。

この勝負の結果は明らかだ。

当時、日本で上意下達の命令が現場に届くには、それぞれの部署で漢字を手書きするしかない。時間を加算していくと、英語圏での単語の伝達スピードに圧倒的な差がつく。そもそも、日本の軍関係者がすべて「潜水艦」や「機関銃」の文字が書けるかどうか分からない。正しい漢字表記を確かめるうちに、時間が費やされていく。

ラングミュア博士は「これでは、日本は総力戦はできない」と結論づけた。

もちろん、「日本語ゆえに」日本は米国に戦争で負けたわけではない。しかし、戦争という情報伝達のスピードと正確さが要求される状況で、漢字を用いざるを得ない国と、二六文字のアルファベットで全てが書き表せるタイプライターの国とでは「伝言ゲーム」の勝敗は明らかだ。ワープロがない時代の、遠い昔の話だ。

この話、フランス文学者の桑原武夫氏の「みんなの日本語」（『桑原武夫集 3』）というエッセイに出ている。

#5 それでも英語を学ぶ意義

かつてなら、英米人の英語を徹底的に真似る意義はあったかもしれません。言語の背景にある文化を言語と一緒に吸収する意義もあったでしょう。このため、英語のネイティブスピーカーたちを相手に、自分たちの「ひどい英語」を使うことにためらいがあったことは理解できます。日本人の場合でいうなら、英語圏の文化や文明が到達すべき規範だったのですから、「あのような英語を使いたい」と夢みたのはむしろ自然でしょう。

しかし、表1（55ページ）でみたように、日本語と英語の距離が遠すぎることを考えると、いくら日本人が頑張ったところで、米国人や英国人のような英語を身につけることはほとんど不可能です。また、その必要もありません。一九世紀から二〇世紀まで通用した英米語第一主義の力が、今世紀に入ってから相対的に下がってきたことが背景にあります。最近の、内向き傾向を強める米国、ＥＵから離脱する英国という現象が象徴的です。

それに、英語が本当に必要な時は通訳者の世話になればよいのだし、人工知能による翻訳技術の質も大きく向上しています。さらに日本に来る外国人に日本語を話してもらう努力をしてもらえれば、私たちが英語コンプレックスを抱く必要もなくなります。

ダライ・ラマ一四世の英語

もちろん、表3（89ページ）や表4（91ページ）が示すように、日本における英米人の数の割合が低いからといって、英米人の母語の英語を軽視してよいかといったら、それは間違っています。外交やビジネス文書の世界では、英語を母語とする人たちの書式が基本ですし、交通や情報通信は英米人の英語で構築されています。報道の世界では、AP通信やロイター通信、CNNやBBCなしでは世界が成り立たなくなっています。文字の世界、表記の世界、文章の世界では、残念ながら、英米人の英語が中心になっています。

「だったら、教える英語は、音声面も英米人の英語でいいではないか」と反論されそうですね。そのように、英米人の英語の世界に自ら下手に出るところをちょっと見直しませんか、というのが私の考えです。音声面の細部において英語風や米語風でなくても、文法や用法が正しければ、良いというのが、国際英語の目指すところです。

少し話がそれますが、時々、日本の政治リーダーが、海外の公的な場で、英語で演説している風景をテレビで見ます。特訓を受けてそれらしく話すのは良いのですが、米国式の英語で話そうとしていることが多いように思います。上手か下手かはおくとしても、米語もどきの英語を日本の政治家が話しているのを、各国の人が見ると、「ああ、やはり、日本は米国の強い影響下にあるのだな」という隠しようのないメッセージを感じ取ります。

これと対照的なのが、ダライ・ラマ一四世の英語です。鳥飼玖美子氏は、ダライ・ラマを例に挙げて、英米人の英語でなくても、メッセージが確実に世界に伝わることを次のように論じています。

「お世辞にも流暢な英語ではありません。その英語を聞いて誰もネイティブ・スピーカーが話しているとは思いません。しかし、ダライ・ラマは、上手な英語をかっこよく話そうなどとは最初から思っていないのでしょう。そんなつまらぬことは気にしない様子がありありとしていました」「堂々と話しています。そして、その主張は間違いなく、世界に伝わります」「きれいな英語だの、正確な英語だのは、些細なことであるのがよく分かります」と書いています（『国際共通語としての英語』p.43）。

ダライ・ラマの英語を聞き、取り入れたくなります。日本列島で暮らすのなら、英語支配を感じながら、無理して、英国人のような英語、米国人のような英語を習得する必要はないように思いますが、どうでしょうか。

そもそも、「本場の英語」というのも、実体はあいまいです。それは「英国式の英語」なのでしょうか、それとも「米国式の英語」なのでしょうか。本場の英語というのは抽象的で、実は、ボストンの英語、シンガポールの英語というように、個別の英語があるにすぎません。本場の英語を強調しすぎると、不必要に混乱が生じ、現場の英語教員に負荷がかかりそうです。皆さんが中学や高校で英語を学んだ時、それは英国式英語でしたか、それとも米国式の英語だったでしょうか。区別できますか。教員はきちんと違いを教えていましたか。

さらに言うと、階級社会の英国では、さまざまな英語が使われますし、地域差も大きいです。スコットランドを旅行したとき、地元の人の言っていることが、私にはよく分かりませんでした。米国でも、地域によって「訛り」の差があります。なるべく中立な英語を話すという理由で、全米ネットワークのABC放送では、長らくカナダ生まれのピーター・ジェニングズという記者がニュース番組の司会者を務めていたほどです。ジェニングズ氏の英語は、今でも米国におけるニュース英語の標準と言われます。

こういう状況をみても、「英語はやっぱり、英国人や米国人に習うべきだよね」という説には、安易に与することができないように思います。

飛行機雲を英語で？

しかし、私はそれでも、英語そのものはきちんと学ぶことをすすめます。その場合、中学の三年間は絶対にみっちり学ぶのが良いと考えます。しかも、文法を軽視してはなりません。高校以降は関心に応じて、たとえ少ない時間でも学び続けるのがよいと思っています。理由は大きくいって二つ考えられます。

第一に、英語に限らず、外国語を勉強することで、考え方が広がったり、自分たちと違った考え方に触れることができます。日本語のものの見方と、英語圏の人のものの見方が違うことは多いです。

日本語のものの見方と、英語のものの見方との違いを端的に示す言葉として、私は、飛行機雲を例に挙げることにしています。

飛行機雲は、「ひこうきぐも」や「ヒコーキ雲」と書かれ、夢や希望を象徴することがあります。ジブリ映画『風立ちぬ』では、かつてヒットした荒井由実（松任谷由実）の『ひこうき雲』が使われました。

澄み渡った青空に一直線の純白の細長い雲を見ると、素朴に「きれいだな」と思います。詩心を刺激される人は多いでしょう。遠い世界への憧れや希望を飛行機雲に託したくなります。

しかし、英語では、飛行機雲を vapor trail（ヴェイパー・トレイル）と言います。ジェット機が大気中に残す「蒸気の跡」を意味します。実体は、飛行機のエンジンから出た排気ガスとガスの中に含まれる水分が氷になって出来る雲です。公害の素です。吸えば死にます。

vapor trail（同じ意味で、contrail＝コントレイルと言う表現もあります）という英語、何と具体的かつ科学的でしょうか。一つの現象をめぐって、日本語と英語とでは、ものの見方が決定的に違うことが分かります。どちらかが良くて、どちらかがダメということではなく、世界のとらえ方がまるで違っています。

このように言葉が違うと世界の切り取り方が違ってきます。スペイン語をやればスペイン語の世界を知ることができて、中国語をやると中国語の世界を知ることができます。そういう意味では外国語を勉強すると、思わぬ発見ができ、ものの見方も変わります。人生が広がりそうです。

スポーツ選手の英語

第二に、学校を出た後、どんな職業につくにせよ、英語がつきまとう可能性が高いことが挙げられます。「つきまとい方」が将来どんな仕事につくかによって異なるので、一概に言えないのがつらいところです。なので、すべての学生に同じ程度の英語力を求めるのは不合理だと私は思います。私が、中学の三年間はみっちり、というのは、この時期に基礎をたたき込んでおくと、後に英語に再入門するときにやりやすいからです。

例えば、スポーツ選手になって世界中を飛び回ることになると、英語はつきまといます。

それは単に、旅行代理店やホテル、競技関係者との意思疎通のためだけではありません。テニスであれば、主要なトーナメントでは記者会見は英語でこなさなければなりません。会見を拒否すると罰金が科せられる場合があります。

かつて、同僚の記者から、教わったことがあります。日本の誰もが知る、日本人のトップ選手が「トーナメントで勝ち続けると、英語の会見がつきまとう。引退したくなる」と本音を漏らしたことがあるというのです。

また、海外と接触のある会社に就職すると、海外赴任の可能性は誰にでもあります。部品だけ作っていれば良いと思った人が、海外の部品工場に工場長として、転勤することがあり得ます。グローバル時代では、「関係はない」と思っている人も、ひょんなことから国境を越えなければならないことが起こり得ます。

ここで、少しの英語ができないためにビジネスの機会を逸している例をあげておきましょう。

数年前、ボストンに暮らす私の友人（米国人の経営コンサルタント）に、日本から備前焼のビール用マグカップをお土産に渡したことがありました。ガラス製に比べて、ビールの泡がほどよく残り、ビールの香りとコクがうまく保たれるというすぐれた製品です。夫妻のために二個、持って行ったのです。

そうすると、私が日本に帰ってから、彼から送られてきたメールにこんなことが書かれていました。

「あの陶器のマグは素晴らしい。岡山県の小さな工房で作られているようだ。友人にもあげようと思って、やっとのことでウェブサイトを探し当てたが、よく分からない。英語の説明もあるが、あの素晴らしいマグとはおよそ不釣り合いな変な英語だ。写真を見ると間違いなく、私がもらったマグだ。一体、このサイトを信じて良いのか。間違いなく、あれは米国でも売れる。代理店業をやりたいくらいだ」

製品は素晴らしいのに、付随している英語があまりにおそまつなのですね。こんな例はいっぱいありそうです。

アートの価値は英語で高める

私が言いたいことは、目的を明確に持てば、たとえ小さな陶器工房であっても、ただちに世界市場が待ち受けているかもしれないということです。少しばかりの英語を乗せるだけでビジネス機会が増えるかもしれません。その場合、リアルタイムでやりとりする英会話は必ずしも必要ではありません。メールが威力を発揮します。「そこまでの英語の力はない」と言うなら通訳者や翻訳者の手を借りれば良いのです。

現代美術の村上隆氏は「芸術作品の価値は、英語による発信で高める」と言っています

（『芸術起業論』）。村上氏は、二〇〇五年にニューヨークで開催された展覧会で空前の成功をおさめたのですが、その秘訣として、英語版のカタログを挙げています。五、六人のプロの翻訳者が参画し、五―一〇回の推敲を重ねて作ったのだそうです。展覧会が高い評価を得たのは「展覧会の英語のカタログがあってこそのものだろうと思います」（『芸術起業論』p.40）と言っています。

世界から高い評価を受ける村上隆氏のアートにしてから、英語版のカタログに力を入れていることを知り、私は大変うれしく思いました。やっぱり、そうか、と。

「ぼくは自分の原稿の翻訳をしてもらう人の選択をとてもセンシティブに行っています。そうすることで主張を海外にちゃんと伝えているのです」（『芸術起業論』p.39）

コラム⑤ おじぎと握手

「今度、日本に行くことになった。おじぎの仕方を教えてほしい」

米国に滞在中、何度か、「(日本の)おじぎ」について聞かれた。日本人を戯画化する時によくあるのが、のべつまくなく、おじぎをする情景だ。

だから「たぶんルールがあるのだろう。教えてほしい」となる。

あいさつするとき、人の前を横切るとき、礼を述べるとき、モノを受け取るときなど、日本人は会釈を含め、おじぎを使い分けている。そのことを説明すると、「こまかいなあ。日本だね」と軽く嫌みを言われる。

やってみれば分かるが、実は、おじぎをきちんと教えるのは難しい。私たちは上体を倒すタイミング、角度、顔の向け方、かがめている時間のかけ方など、無意識のうちに行っているからだ。クルマの運転に似ている。右折や左折するときに、手や足の動き、アクセルや方向指示器のことを考えない。

そもそも、おじぎだけを、一連のあいさつの流れから取り出すことに不自然さがある。ちょっとした会釈や所作などは前後の関連もある。日本人特有の微笑もセットになっているかもしれない。

おじぎの説明をしながら、私の模範演技（?）を再現してもらうが、どうしてもぎこちなさが残る。「うん、それでいい」とあきらめる。この人がおじぎをすれば、少なくとも相手に愛嬌は伝わるだろう。「おじぎ」とはコミュニケーション作法であることが分かる。

私には握手が難しい。相手か自分か、どちらが先に手を差し出すのだろうか。相手が女性の場合、男性から手を差し出してはいけない。タイミングや握り方の強さ弱さ、手を振るのか振らないのか、何か言うのか言わないのか。何らかの「握手の基本」はあるに違いない。

ところで、日本にいる限り、私は、相手が誰であれ、おじぎですませたいと思っている。相手が手を差し伸べてきたら応じるが、自分から握手をすることはしない。おじぎで十分に多様なあいさつができると思っている。ここは日本だし。

《第2部》

世界の中の日本語

#6 日本語を教えてみると

第1部では、グローバル時代の「日本人と英語」について考えてみました。では、私たちの母語である日本語はどのように考えればよいのでしょうか。本章では、「日本人の日本語」「世界の中の日本語」について考えてみましょう。

その際、外国人が日本語を学ぶ時の視点を織り交ぜたいと思います。英語が英米人の専有物でないように、日本語もまた、日本人だけのものではありません。

「日本語を学ぶ？　やめときなさい」

今から三五年以上前、私が大学院生だった時、私は米国西海岸のロサンゼルスの大学に一年間、留学していました。最初の米国体験で苦労が多かったですが、最後の二カ月間、米国人の学生と、日本語と英語の個人相互レッスンをしたことがあります（#0「私の英語修行」参照）。

週に二度、コーヒーカップ片手に、「こういうときは英語でどういう？」「日本語では？」というやりとりをしながら、実践的な会話をお互いから学ぶのです。相手のジェフという院生は、授業で「入門日本語」を三カ月だけ学んだと言います。簡単な日本語の本を教材にして、彼が、ひらがなと簡単な漢字を学んでいきます。

ある時、彼がつぶやきました。まじめな問い掛けというよりは、思いつきのような軽口でしたが、その時のことをよく覚えています。

「ひらがな、カタカナ、漢字。覚えることが多い。一体、いくつの文字を覚えたら良いのだろうか」

「ひらがなとカタカナを併せて九〇字。漢字は二〇〇〇文字かな」

「どうしよう。私は、日本語を正式に学ぶべきかどうか。どう思う？」

彼は弁護士になることを夢みており、東海岸のロースクールに行くことが決まっていました。私はすぐさま「おすすめしないなあ。本当にやる気ある？　やめときなさいよ」と言ったのです。続けて、「日本語は発音は簡単だし、語順は割と自由だ。店に行ったり、旅行したりするだけの日本語を勉強するなら時間はかからない。その程度なら良いと思う」

さらに続けました。

「しかし、読んだり、書いたりするのは、途方もないエネルギーが必要だ。仕事に使うのなら、たとえば一年間日本に住めば、何とかなるかもしれないけど、時間もお金もかかるよね。他のことにエネルギーを使ったら？」と言ってしまったのです。

会話はすぐに別のトピックに移り、再びその話にはなりませんでした。

今でも、日本語学習を積極的に勧めなかったことが良かったのかどうか、と考えます。反省もあります。少しでも日本語に関心のある人を強引に「日本語への道」に引っ張ればよかったのかな、と。

日本に行きたい、日本で学びたい

『文明の衝突』を書いたサミュエル・ハンチントン氏によれば、世界の中で、日本はそれ自体、西欧文明、イスラム文明、中国文明などと並んで一つの文明圏を形成します。

この分類には異論もあるようですが、確かに、全体として固有の食生活があり（みそ汁が苦手という日本人はあまりいません）、日本語で初等教育から高等教育まで完結できます。日本独自で、自動車やロケット、ワインやウィスキーも作っています。独自の交通システムがあるし、社会インフラも一国で出来ています。日本語で書かれたオペラもあります。スポーツにおいても体操やフィギュアスケートなどで世界トップクラスの結果を出しています。

ノーベル賞の受賞も充実しています。すしや「すしのようなもの」は今や、ピザと同じように世界中で食べられます。その一方で、何百年も続く祭りや伝統芸能が豊かに残っていますし、各地に観光スポットも多いです。今ではアニメやマンガ、ゲーム大国だから、日本語を学ぶことで、つまり、日本語を道具にして、学ぶものは多いでしょう。それなら、「いっちょ、日本に行ってみようか」「日本、おもしろそうだ」「そこの言葉も、複雑そうだが、カッコいい」と日本に憧れる人がいてもおかしくありません。

現実に多くの外国人が日本に惹かれ、日本を目指します。日本に行きたい、日本で暮らしたい、日本で働きたい、という人が増えてきました。その場合に、どうしても日本語のことが問題になりそうです。日本語は学びやすいでしょうか。

日本で、日本人とだけ付き合い、日本語だけで仕事をしたり、生活をしたりしていると気付きにくいですが、外国からみると、日本語はかなりやっかいな代物です。グローバル時代において、日本語がこのままでよいのか、という思いが私にはあります。

もしも皆さんが外国人の友だちから、日本語の勉強を始めようと思うけどどう思う、と聞かれたときに、どのような反応をするでしょうか。「ぜひお始めなさい」と言いますか。

「日本語はひどい言葉です」

一橋大学名誉教授の田中克彦氏（社会言語学とモンゴル学）は、世界の言語を大きく二つに分けます。その二つとは、母語としない人が、比較的容易に学べる「開かれた言語＝開放型の言語」と、学びにくい「閉じた言語＝自閉症的言語」であるとしています（『言語学者が語る漢字文明論』p.41）。「開かれた言語」として英語を挙げ、「比較的に容易に学ぶことができ、（言語共同体で）ますますその勢力をひろげていき、内容も豊かになる」と説明しています。一方の「閉じた言語」の代表例が日本語です。

「日本語は最悪の自閉言語であることはまちがいないと思う」と言う田中氏は日本語について辛口のコメントをしていますが、検討するに値すると私は思いました。田中氏の説を整理してみます。

- かたく扉をとざしていることによって他者を寄せ付けない
- そのため、外からの影響を受けない
- 日本語の奥深い味わいを大切にしようと、込み入った敬語法や待遇表現に神経をとがらせる
- 外国人のちょっとした誤りをも許さない

・中身はきちんと伝わっていても、礼儀にかなっていなければ傷つけられたように思ってしまう
・習得に膨大な時間のかかる漢字の知識で人々を威圧する
・このため、自分を守るには適しており、外国人の侵入を許さない
・守りのかたい言語であり、広く門を開いて他者を迎え入れることができない
・このため決して広い外には出て行けない（以上、『言語学者が語る漢字文明論』p.42から）

これ以外に、自閉型言語の特徴として、その言語を学ぼうとしても「わざと学びにくいように工夫がこらしてあるため、そこに大きな壁がたちはだかる」とかなり辛辣に日本語について批判していることを付け加えておきます（『言語学者が語る漢字文明論』p.41）。

時々、日本語礼賛論に出会います。曰く、「日本語は素晴らしい。語彙が豊かで、余情や余韻を微妙に表現できる。心の陰影を表すことが自在にできる。日本語の世界に囲まれた状況を幸福に思う」と。私も、日本語が大好きな人間です。

落語や漫才を聞くのは本当に楽しいです。聞いてそのまま分かる、間合いや音の抑揚、言葉の陰影を、ほぼその通りに受け取れるのは幸福です。私は大阪生まれですから、上方の芸能は自分たちのためにある、と排他的な気分になるものです。母語の中にいる喜びとはそういうものでしょう。

反対に、ビートルズの音楽やイタリアやドイツのオペラは一生を懸けても、現地の人のようには自分のハートに飛び込んでこないと思います。どの言語も、母語としない人には排他性があるものです。

しかし、私は記者として、日本語と英語をたえず往復する仕事をする過程で、田中氏が述べる日本語の特徴（欠点）にも気付いていました。特に、日本に興味を持つ外国人と付き合うようになってからは、日本語はやっかいな言語だと思うようになりました。田中氏が、日本語の特徴を明快に列挙してくれているので、気持ちよいほどです。

田中氏が日本語を自閉的だと言うのは、氏のドイツ留学時代に現地で日本語を教えた経験に基づいています。

田中氏のドイツの大学の同僚で、「日本学」の主任教授ツァヘルト先生が「田中先生、日本語はひどいことばです。こんなに文字がめちゃくちゃで無秩序なことばは世界にありません」と繰り返し田中氏に告げます。まるで、日本から来た田中氏に罪があるように「責めるような言い方だった」と言います（『言語学者が語る漢字文明論』p.7）。田中氏も最初は、「はあ、そうですか」ぐらいにやり過ごしていたところ、実際、自分がドイツの同じ大学で日本語を受け持つことになり、ツァヘルト先生の嘆きが自分のものとなったと述べています。

「ことばに入るまえにまず文字を教えなければならない。その文字が、教えてみると、たしかにひどいものだとよくわかる。（中略）日本語をほめたたえ、気炎をあげている論者たちはその前に一度、漢字をまったく知らない人に日本語を教えるという経験をもってほしいものだ」(『言語学者が語る漢字文明論』pp.8-9)

相当に辛辣ですね。田中氏の言い方をちょっとわきにおいて、そもそも日本語とはどういう言語なのでしょうか、少し日本語の歴史を振り返ってみましょう。

コラム⑥ コンピューターか、コンピュータか？

通信社の記者をしていたので、日本語表記については一定のクセが身に染みついた。自分がなじんだのと異なる表記を見ると、小さな違和感を覚える。典型例は、ＩＴ系の雑誌やウェブサイトで見られる「コンピュータ」。多くの新聞社や放送局は表記を「コンピューター」と決めているので、私には据わりが悪い。

大学の授業でその原則について説明したことがある。「○○する人、○○する機械」は、元の外国語（たいていの場合、英語）が、「er」「or」で終わるので、語末は「ー」（長音符号）となる。だから、「ゴルファー」「デザイナー」「ディレクター」「ライター」と表記する。これでいくと、「コンピューター」「プリンター」が正しい。「プリンタ」や「サーバ」は据わりが悪く見える。

前の方に座っている威勢の良い学生が、スマホでチェックした。「先生、JIS規格では、『三音節以上の語は語尾の長音符号を省くことができる』となっていますよ」と教えてくれた。「そうか、『サーバー』は三音節とみなす。だから『サーバ』か。でも、ゴールキーパーを『キーパ』と言いますか。両者が不揃いの理由は?」

書き言葉に関して、規則や統一性があるなら、なるべく守りたい。記事に「サーバ」「プリンタ」と書きたいなら、自らのことを「ITライタ」と名乗るべきだと私は思う。もちろん、「ドライバ」「コンピュータ」が特定業界で定着した用語だと主張されるなら、口をはさむまい。

話は変わるが、日本語の音韻と長音表記の問題は根深い。例えば、「東京」や「大阪」を多くの人は、本当は「とーきょー」「おーさか」と発音している。「とうきょう」「おおさか」と発音する人は少数派だろう。「経済」は「けーざい」、「法律」は「ほーりつ」、「先生」は「せんせー」、「賛成」は「さんせー」と発音する人が多いのではないか。しかし、ワープロで書くときは二重母音を入力しなければならない。長音記号では変換できない。

これに外来語の表記が入ると、わけが分からなくなってくる。「メイン」(イベント、キャンパス)と記述しながら、他方で、「メール」(電子メールの意味)と書く。時々、抵抗して、原音に近い「メイル」と書く人がいるが、多勢に無勢に見える。

同じ業界や仲間内で、「慣用になっている」「好みの問題だ」とすましているうちは良いが、日本語を学ぶ外国人に日本語のこの「混乱ぶり」をどうやって伝えたら良いのだろうか。「グローバル時代の日本語」、一体誰が心配しているのだろうか。

#7 日本語は閉じた言語

日本語の特性を理解するために、日本語の歴史を簡単に振り返っておきます。

そもそも日本語には文字がなかったのです。

日本語が、ツァヘルト先生が言うように「こんなに文字がめちゃくちゃで無秩序な」言葉である原因はここにあります。

日本語表記に関する問題は、文字を持たなかった日本（語）に漢字が採り入れられたことにさかのぼります。確かに、漢字は朝鮮半島や中国から来たことは間違いありません。しかし、私たちが今、使っている日本語は、中国語とは完全に別物であるということをまず理解しなければなりません。

文字を持たなかった日本語

日本語が一体どこから来たのか分からないというのが、言語学上の通説のようです。日本語の歴史にはいろいろな説がありますが、決定打はありません。中央アジアのアルタイ諸言語に属すという説、南方のポリネシア語族とする説、その両者が重なり合ったとする説などがあります。朝鮮語との親和性があるとよく指摘されますが、親子兄弟の関係はないのだそうです（文法構造は似ていますが、相互に流通した外来語をのぞけば、生活に用いる言葉で共通の基本語彙がほとんどないそうです）。言語学的にみると、日本語が属す「語族」というのはなく、孤立的な言語であるというのが大方の見方のようです。

「日本語には漢字が中心的な位置にあるではないか」という思い込みから、中国語と日本語は、兄弟関係か親子関係にあるのでは、と思う人がいるかもしれませんが、それは完全な間違いです。文章の構造がまるで違っています。中国語は英語と同じように、主語のすぐあとに動詞がきて、目的語が最後にくるＳＶＯ型です（Ｓはsubject、主語。Ｖはverb、動詞。Ｏはobject、目的語）。しかし、日本語は（動詞が最後に来る）ＳＯＶ型です（日本語はアイヌ語とも構造的に違います。語彙はお互いで流通していますが）。

日本語と中国語はまるで違う言語です。日本列島に漢字がやってきたのは、千数百年前だそうです。それまで、日本には文字がありませんでした。

問題は、日本語がこれから独自に発展しようとする段階で、漢字が中国大陸からやってきた点にあります。中国語や中国文学が専門の高島俊男氏は、日本が中国から漢字をもらったことで、「日本語の発達がとまってしまった」と言います（『漢字と日本人』p.24）。高島氏によると、無文字の日本語にとって、文字をどこかから拝借できるのなら何でも良かったと言います。

例えば、たまたま「犬」という字を知り、日本にもいた「イヌ」と呼ばれていたこの動物にこの字を当てたに過ぎないのです。あり得ない仮定ですが、かりに中国語より英語が先に入ってくれば「dog」と書いてイヌと発音していたということになります。

日本が中国から漢字を受け取り、最初のうちは文章を漢字だけで書きました。やがて、「万葉がな」を開発し、それが基になって、平安時代に入って、日本語独特の文字としてひらがな、カタカナが生まれました。ひらがなは、当初はそれだけで文を表記しました。紫式部の『源氏物語』は典型例です。その後、しだいに漢字と一緒に記述するようになり、「漢字かなまじり文」が普及していきます。

漢字は終始、支配層つまりエリートの文字として高い価値を有し、仮名（かな。仮の字）に対して、「まな」（真名）とよばれるようになりました。ここまでは高校の古文の時間に学びます。

さて、真名と仮名の関係、実はねじれているように思いませんか。文字を持たない元々の日本語（大和ことば）の音を文字化したのが「仮名」で、大陸から人工的に取り入れた概念を表すのが漢字つまり「真名」ということですよね。本来ならば、大和ことばを表すのが真名であり、後でやってきた表記の仕方は仮名ではないでしょうか。もっと言うと、本当は「生活に根ざした言語」こそが真名であり、仕事などで皆が集まった場で用いる、いわば「よそ行きの言語」が仮名であるはずですよね。まるで、日本の「本音」（かな）と「建前」（漢字）の関係のようです。「かな」はよく知られているように、平安時代の女流文学を支えた言語です。本音を語る言語でもあるでしょう。内心をつづることができました。だから文学に向きます。真名（漢字）は、男社会である政治の世界で用いられる言語です。公式文書などは建前の言葉です。

だからこそ、男性である紀貫之が女のふりをして『土佐日記』を書いたことの意味は深いと感じます。先ほどの田中克彦氏は「かなは、漢字の支配から脱出し、日本語が自立するために、日本の、とりわけ女たちが手にした武器だった」と言っています（『言語学者が語る漢字文明論』p.199）。

漢字廃止を訴えた前島密

時代はぐんと下がります。江戸時代に漢字は衰えることなく知識人の間で使われることになります。ところが、漢字が増え続けるため、漢字の多さ、複雑さが問題であると指摘する声が上がります。

文化人類学者として世界各地域をフィールド調査し、さまざまな外国語を習得してきた経験から、日本語の合理化、ローマ字化を提唱した梅棹忠夫氏は江戸期の漢字事情について、次のように述べています。「(その後も)日本語の表記に漢字というものが深く浸透してくる。とくに江戸時代、一七世紀から一九世紀にかけては、これはものすごく漢字がはびこった時代で、教養のある人というのは、要するに漢字の読み書きができる人であるということになっている。(中略)それがようやく明治になってから、これでは具合が悪いということに気がついて、しだいに漢字をやめようという運動が始まるわけです」(『日本語の将来』p.13)

いわば、先ほどのツァヘルト先生や田中克彦氏のぼやきや嘆き(117〜119ページ)の源流のような現象がここに見られます。そうやって、日本語改革について、日本の近代史上で重要な人物から、思い切った提言がなされています。日本語の書き言葉に関してです。「漢字の廃止」「漢字の制限」「表記のひらがな化」「ローマ字化」など、合理化に向けてさまざまなアイデアが出されました。

まずは、前島密《まえじまひそか》のことを挙げます。彼は維新後、渡英して郵便制度を調査、「郵便」「切手」などの名称を定めるなど、「郵政の父」として日本史の教科書に出て来ますが、熱心な国字改良論者でもありました。維新の直前の一八六六年に、「漢字廃止の建議書」(「漢字御廃止之議」）を江戸幕府の一五代将軍徳川慶喜に提出しています。西欧列強の実力を体感した前島は、「漢字のような複雑極まりない文字を覚えているから教育が普及しない」と訴えました。この申し立ては退けられましたが、明治政府に仕えるようになってからも、同様の主張を繰り返したそうです。国力の増強という見地から、学習に時間のかかる漢字を問題視したのです。前島は漢字を問題視しましたが、他にも、日本語そのものに疑問を持った大物もいました。

英語を母国語に？

一八七二（明治五）年、米国公使から帰ってきた初代文部大臣の森有礼は「英語を国語とすべき」と主張しました。森有礼のこの発言は、外国文化に対する卑屈な態度であると今では嘲笑の対象になることがあります。しかし、田中克彦氏は次のように述べます。「当時はまだ、これが日常使える日本の文章語だというものが確立されていなかった、そういう時代であったことを理解しておかなければならない」（『言語学者が語る漢字文明論』p.28）

さらに驚くことに、森有礼は、いまでいう単なる「英語かぶれ」からの思いつきで英語の母国語化を言っているわけでは決してなく、英語を日本に導入するに際して、英語の動詞の不規則変化を是正した、新しい英語のあり方を提案していたのです。＃4で述べた「国際英語」の先駆けのようなものです。speak-spoke（現在形–過去形）、teach-taught（同）、think-thought（同）は、それぞれ、speak-speaked、teach-teached、think-thinkedとなるように改良英語を考えていたといいます（『言語学者が語る漢字文明論』p.31）。

森有礼が、英語の母国語化を唱えたのと前後して、日本語の文字の複雑さ・不規則性が障害であると感じた福澤諭吉は「文字之教」（一八七三年）で次のように書いています。一読に値します。以下、エッセンスを記します。

「日本語にはかなと漢字がある。漢字はやっかいだが、古来より使われており、すぐに廃止するのも不都合がある。難しい漢字さえ使わなければ、漢字の数は、二〇〇〇から三〇〇〇で十分である。現に、自分のこの本は、漢字を用いたことばの数、わずかに二〇〇〇にも満たないけれど、ひと通りの便利を達するにはさしつかえがない。上る、登る、昇る、など漢字で書き分けるのは面倒だ。《のぼる》と仮名で書けばよいではないか」

書き言葉としての日本語を平明にすることが大事で、そのために福澤は漢字の数を制限すべきとの方向性を打ち出したのですね。

「漢字コンプレックス」があった？

この福澤の話には、時代状況として切実なものを感じます。どうやら漢字には分が悪い言説がかなり横行していた感があります。当時は、法律、制度、学問、技術など西欧文明の全般を国民全体に普及させるには言語を媒介とする必要がありました。漢字が置かれた状況を整理してみましょう。大きく三点あります。第一に「国字」を改良し、簡素化することが急務と感じる人たちがいたことは間違いありません。第二に、全面的な近代化を目指す日本の国家的な運動の中で、英語やフランス語、ドイツ語の翻訳語としての漢語（外来語）が洪水のように出回ったことへの反動があったのかもしれません。

第三に、幕末の志士たちは必ずしも漢籍の素養があったとは限らず、漢字文化を占有していたエリート達への対抗意識と漢字コンプレックスがうずまいていた可能性があります。言語の大衆化への期待が、漢字の簡素化に向かっていったのではないでしょうか。

西欧を視察し後にスポーツ紙となる「東京報知新聞」を作った矢野文雄や、『漢字減少説』（一九〇〇年）を著した平民宰相として知られる原敬《はらたかし》、ジャーナリストの三宅雪嶺などもそれぞれの立場から漢字節減について具体的な提案をしています。

明治政府も、一九一〇（明治三三）年の小学校令で、尋常小学校で教えるべき漢字は一二〇〇字以内と制限としました。一九二三（大正一二）年に、最初の常用漢字表（一九六三字）が作られました。「常用漢字表にない文字はかなで書く」「固有名詞については表にないものを使ってもかまわない」「代名詞や副詞、接続詞、助動詞などはなるべくかなで書く」「外来語はかなで書く」ことを方針として、その後、何度か改訂しています。

一〇〇年続いた漢字論争

アジア太平洋戦争後の一九四六（昭和二一）年、日本の民主化を進めたい連合国の占領統治下で訪れた米国教育使節団は、漢字全廃を提案しました。その代わりに「ローマ字で書いてはどうか」というのです。漢字は難しく学ぶのに時間がかかりすぎるというのが理由です。そして、識字率調査を実施します。ところが、結果をみると、当時の国民の漢字に関する識字率は十分に高いと出たため、ローマ字化案は消え去りました。

このころ、小説の神様とまで言われた志賀直哉は、アジア太平洋戦争で負けた日本が再び世界に追いつくには、「日本語を廃止してフランス語を国語とすべきだ」と主張しました。あり得ないような奇異な意見ですが、当時、日本語の位置づけについて、さまざまな人が、さまざまに、時には勝手に自説を述べ合ったのだと思います。

近代の幕開けから戦後の連合国占領軍の支配にいたるころまで、多くの人が「日本語、何とかならないだろうか」と考えたことがよく分かります。その中で、なんと言っても、表記の問題、とりわけ「漢字をどうするか」が、政府にとっても言論界にとっても議論の中心にあったことが分かります。

『日本語が亡びるとき』を書いた作家の水村美苗氏は、英語が世界的に幅を利かせる時代において日本文学の質が下がっていることに警鐘を鳴らします。それはともかくも「漢字排除は、国語教育をつかさどる役割を背負った文部省の、長い長いあいだの悲願だったのである」（『増補 日本語が亡びるとき』p.369）と言っています。

戦後には、大物の学者で発言力のある梅棹忠夫氏が漢字の廃止以上に日本語のローマ字化に熱心な動きを見せました。しかし大勢としては、「漢字排除」の流れは衰えました。一九六二年には、「ローマ字調査分科審議会」が廃止されます。重要な転換点は一九六六年です。国語審議会の総会で、時の中村梅吉文部大臣が「国語の表記は漢字かな交じり文によることを前提」とすると宣言しました（『増補 日本語が亡びるとき』p.372）。当たり前のような話ですが、政府の態度決定が公表されたという点で画期的だったようです。前島密が「漢字廃止の建議書」を提出してからちょうど一〇〇年が経過したことになります。実に、この間、近代化した日本における言葉、特に漢字とどう付き合うかについてさまざまな紆余曲折を経て、国として正式に決定したことになります。

コラム⑦ 漢字が書けない！

教室で板書するのが怖いと感じることがある。時々、書こうとした漢字が書けないからだ。

先日、授業で「制作」と「製作」の違いについて説明するときに、後者のセイサクの文字がどうしても浮かばず、黒板に向かいチョークを持ったまま、立ち尽くした。振り返って、一〇〇人ほどの学生に向かって、「漢字を忘れた。どうやって書くのだっけ」と言って、教えを請う。学生はお互い顔を見合わせて、にやにや。「先生が漢字を書けない」とあって、どの学生の顔にも笑みが見える。教室の空気がなごむ。その間、前列に座っている学生がさっと紙を引きちぎって書いてくれた。「そうそう。これだ。ありがとう」と礼を言って、話を続けた。

こんなこともあった。卒業生が久しぶりに研究室にやってきた。大学院に進学するので、スイセン状を書いてほしい、という。「はい、喜んで。では、明日、取りに来て」と言ったまでは良かったが、「スイセン状は、手書きである」ことが分かり、内心がっかり。学生が帰ったあと、ペンを持って下書きを始めるが、スイセン状の「セン」の文字が分からない。

パソコンのワープロ画面に文字を打ち込み、フォントサイズを48ポイントにして、それとにらめっこしながら、手書きに。結局、全文をまずワープロで書き、出力した紙を見ながら、手書きで清書した。

「大学の教員がそんなことでいいのか」「大学の劣化の表れだ」と叱られそうだ。すみません。しかし、ワープロの圧倒的な普及で、私と同じように、「漢字が書けない」とこぼす人は多い。

一方で国語学者たちは「漢字は書けなくても良い、読めれば」と言うが、それで本当に良いのだろうか。皆さんは、どう考えますか？

8 日本語をどうする？

「日本語のどういう点が難しいの？」

日本に一〇年近く住んでいるカナダ人（英語圏）弁護士に訊ねたことがあります。彼は日本語を話します。大学で言語学を学んだことがあるので、他言語と比較することで日本語の特性もよく知っています。漢字も読めます。

「日本語の発音はとても簡単だ。母音がわずか五つ。英語は二〇以上ある。聞くのも、話すのも楽だ。単語の順番はうるさく言われない。単語を並べるだけでも理解される」

ここまでは、笑顔で話が進みました。しかし、表記の話になると、とたんにこの弁護士の表情が険しくなります。

彼は、「漢字とひらがな、カタカナなど文字数が多いこと」「漢字かな交じりの複雑さ」「単語の間にスペース（空白）を置かないこと」「句読点のテンの打ち方」などを挙げます。

私はひたすら苦情を聞くはめになりました。「漢字はサイテー。音読み、訓読みを習ったが、分かった気がしない」

「生」の字は、「生《い》きる」「生《は》える」「生《う》まれる」「生《なま》」「生計《せいけい》」「生涯《しょうがい》」など何通りも読み方があって、どう使い分けて良いか分からない、とぼやきます。「日本人は長い時間かけて暗記している。これから学ぶ外国人にどうやって使い分けしろ、というのか」

「生」の字には苦労したらしく、私の助けを得ながら、簡単に見えるこの文字の複雑さに悪態をついていました。

幼稚園までに「読み」「書き」を終えた

「日本語の表記は悲惨だ。単語の間のスペースがないので（分かち書きのこと）、読むのが難しい。書くのは無理。あきらめた」

私も同情しながら、話に付き合いましたが、彼の次のセリフが強烈でした。

「私はトロントで生まれ育った。幼稚園に行くまでにあらゆる英語が読めた、書けた。幼稚園に行くまでに。たったの二六文字だからね。日本人は一生かかっても、日本語を、読みも書きもできないでしょ。漢字って日本人が自分の世界を守るためにあるのではないか」

話の後半は、日本語習得に際しての、眠っていた恨みが出て来たのか、やや興奮気味でした（119ページのツァヘルト氏と似ています）。

しかし、「幼稚園に行くまでに、読み書きは終えた」という彼のセリフが、私に刺さりました。日本が好きで、日本語を学ぼうとしたのに、漢字の壁に拒絶されたのですね。

現在、内閣告示の常用漢字表は二一三六文字で構成されています。日本語がこれですっきり何もかも整理されたわけではありません。

同音異義語（光線、鉱泉、高専、公選、抗戦、交戦、工船、好戦など）の問題があります。しかし、前後の文脈で分かることが多いので、頭を抱えることは滅多にありません。けれども、日本語を母語としない人にとっては困難であることは容易に想像がつきます。

文章を書く際の同訓異字（変える、代える、替える、換える）は、私には日常的な課題です。その都度、パソコンの変換ソフトに頼ります。それでも確信が持てません。「かたいパン」は、「固い」か「堅い」か「硬い」でしょうか。「やわらかい肉」は？「軟」でしょうか、「柔」でしょうか。

記者が日本語を書いていて悩むのは、「一人」か「1人」か「ひとり」かなどの数字の表記です。「世界3大祭り」「三大祭り」をどう書くか、です。「今年の十大ニュース」「10大ニュース」をどうするか。「第3四半期」で良いのか、どうか。以上の例は、共同通信社が発行する用語辞典である『記者ハンドブック』の制作に従事した成川祐一氏が「正しく伝わる日本語のために」という文章で、日々の報道活動の中で揺れる例として挙げています（『情

報管理』日本科学技術振興機構、二〇一七年五月号）。

どの言葉にどの漢字を使うか、送りがなはどうするか、カタカナ語を書くときの表記をどうするか、迷うときは、私は『記者ハンドブック』を使います。ハンドブックでは、書き言葉としての日本語表記について、「使うべき漢字」「できれば使わない方がよい漢字」「ケースバイケースで使える漢字」の水準が示されています。また、カタカナ表記については、例えば、「コンピューター」を使い、「コンピュータ」は使わないこと、登録商標の「プリクラ」は使わず「写真シール」とすることなどを提案しているのが参考になります。

送りがなをどうするか、という問題もあります。「行う」か「行なう」か、「行って（おこなって）」「行なって」と変化するときにどうするのか。あるいは、「受け付ける」と「受付係」。「売り上げ」と「売上高」。「祭り」か「祭」か。「祭りばやし」か「祭ばやし」か。『記者ハンドブック』には、記事文中で用いるべき用法が出ています。

私は、漢字を制限することには賛成ですが、どうしても固有名詞の扱いに困ります。

「長嶋」か「長島」か？

かつてプロ野球の巨人軍の長嶋茂雄監督は、「長島茂雄」と記述されることが多かったです。印刷現場の問題であったり、競技世界の統一フォーマットの問題があったり、新聞メディアのルールがあったりしたと聞いています。本人の希望が通っていればよいのですが、長嶋氏に聞いてみるしかありません。固有名詞について言うと、今では、「浜田」と「濱田」、「桜井」と「櫻井」、「沢村」と「澤村」、「広田」と「廣田」が普通に共存する時代となりました。ワープロの普及で、どんな字も書けてしまいます。表記制限のタガが外れたようなものです。

私が苦労するのは、あまたの「さいとう」と、「わたなべ」です。さいとうには、斎藤、齋藤、齊藤、わたなべには、渡辺、渡邊、渡部、渡邉を普通にみかけるようになりました。間違わないようにしたいですが、なかなか難しいです。

名前の問題は、個人の尊厳に関わるかもしれないので、簡単にやり過ごせません。頭が痛いです。私も時々「宮竹」や「武宮」と書かれます。他の人の名前を書くときは神経質にならざるを得ません。それでも間違えます。「竹崎さん」を「竹﨑さん」（「さき」の字が違っています）と書いてしまうことはよくあります。

固有名詞、特に人名の読み方では先入観が邪魔になります。「河野さん」は、コーノさんかカワノさんか、本人に聞かないと分かりません。「裕子さん」はユーコさんか、ヒロコさんか。「幸子さん」は、サチコさんと思ったらユキコさんだったりします。「西川さん」については、多くの人が自信を持って「ニシカワさん」と呼びます。しかし、私の先輩に「サイカワさん」がいます。

私は、学生の名前を読み上げるときに、「かならず間違うと思うが、訂正してほしい。以後、きちんと読むので許してほしい」と断ることにしています。平成生まれの学生は、下の名前つまり「名」がいわゆるキラキラネームの場合、読めないことが多く、名前の確認がしにくい場合があります。これはこれで問題です（222ページ参照）。

加藤周一氏のカタカナ語批判

カタカナで書かれる外来語（ここでは「カタカナ語」とします）が増え続けることも問題です。日本語に対する批判で多いのは、カタカナ語の増殖ぶりです。

「百貨店の地下の食料品売り場」という代わりに「デパチカのフードコーナー」がまかり通っている状態を、かつて、評論家の加藤周一氏が厳しく指摘したことがあります。曰く、「チカ（地下）」と助詞の「の」以外はすべて借用語であり、本来の日本語ではないというのです（「悲しいカタカナ語」「朝日新聞」二〇〇六年四月二〇日夕刊）。

「コーナー」は本来の英語における意味は異なっています。「デパチカのフードコーナー」という表記は日本語でも英米語でもありません。私たちが「デパチカのフードコーナー」を理解できるのは、「カタカナ語」という日本語の文章の中に混ぜて用いる独特の語法を知っているからに他ならないからだ、と加藤氏は言います。

このため、カタカナ語の知識が限られていれば、文章の意味は推測できません。例として、加藤氏が広告で見かけた「ゴールデンウィークプラン　夕朝食バイキング」なら理解できるが、「サンバレーにフォレスト・ヴィラ　アクア・ヴィーナスにアネックスツイン」は見当がつかないと言います。「カタカナ語は、実際に日本で義務教育を受けた人間の間のコミュニケーションにビッグなオブスタクルを作り出す」と大いに皮肉るありさまです。

加藤氏の主張は、日本語を用いて話したり、書いたりすれば誰にでも即座にわかる話を、わざわざカタカナ語を使用して分かりにくくする風潮に異を唱えている点にあります。

これで、私がすぐに思い出すのは、小池百合子都知事が言っていた「ワイズスペンディングで、次の世代へレガシーを」です。普通の日本語に置き換えられます。

次の例はどうでしょうか。

「新幹線インシデント」って何だ?

二〇一七年、新幹線の台車に亀裂が発見されました。NHKテレビのニュースを見ていると「新幹線インシデント」と大きく報道していました。しかし、驚いたことに、アナウンサーは「新幹線のトラブルです」と原稿を読み上げているではありませんか。台車に亀裂が入り、重大な「事故」が起きるかもしれないという程度では「大したことない」と言いたいために、ＪＲ側が「インシデント」と発表した模様です。しかし、「インシデント」では伝わらないと思ったＮＨＫは、インシデントをトラブルと言い換えて報道したのです。それならば、最初から「トラブル」と報じれば良さそうなものですが、ＪＲ側に遠慮したのでしょうか。

手近な英語の辞書を見ると、インシデントとは、重大な事故に至る可能性があったが、実際には事故に至らなかった事例を示すらしいです。しかし、この言葉はまだまだ一般的ではありません。前述の共同通信の『記者ハンドブック』（二〇一六年版）には、「アクシデント」は掲載されているものの「インシデント」は掲載されていません。

こういう場合、報道するメディアは事例の詳細を調べて、報じる段階で、きちんとした言葉を選ぶ努力をすべきだと思います。「インシデント」と文字では報道しながら、アナウンサーに「トラブル」と読ませたことに、ＮＨＫの報道チームの間での苦渋の迷いの跡が見られました。

インシデントという言葉は、医療の現場でよく使われると聞きます。一つの惨事が起きる背景には数十の軽微な事故（インシデント）とさらにその数倍の「ひやり」とするケースがあるという考え方があるようです。安易に「事故」という言葉を一人歩きさせることを防ぐために段階を設定しているようです。

「外国語かぶれ」の人たち

最近、「血圧サージ」という言葉を目にします。サージというカタカナ語は手元の国語辞典には載っていません。初めてこの言葉を見たとき、英語のsurgeを思いつくまでに数秒を要しました。「殺到する」「(株価が)急騰《きゅうとう》する」「押し寄せる」「大波が来る」などの連想から、血圧サージとは、私たちの「血圧が急に上がる状態」かなと思いが至りました。

はたして、「血圧サージ」は血圧の急上昇現象のことでした。血圧が正常な人にも早朝などに起こる現象で、脳卒中の発症率が倍以上にまで上がってしまう要因になるのだそうです。この言葉は、医師の間では一般的なのかもしれません。

家庭用の血圧計の急速な普及で、これまでは、病院やちょっとした施設でしか計測できなかった私たちの血圧が二四時間、家庭でチェックできるようになりました。この結果、早朝や深夜の血圧の動きに関するデータを集めることが容易になり、ごく普通の人でも「血圧が急上昇する」現象が確認されたというのです。そこで、この状態をうまく表すために、新しい用語が必要になったというのが真相のようです。

「新しい現象には、新しい言葉を」ということであれば、「サージ」を使うのはやむを得なかったということでしょうか。日本語にはぴたりと合う言葉が本当になかったのでしょうか。「血圧サージ」を皆さんなら、どのような日本語に置き換えますか。

日本語にはないが、英語や他の言語にあるものを当てるのが本来の外来語の姿です。最近では、安易にカタカナで表記されて日本語の中に入ってくる現象が目立ちます。問題は、いろんな人が（主に、権威を持つ学者や識者、海外に明るいと思われている人が）、このようなカタカナ語を勝手に使うため、あいまいなまま日本語の中に滑り込んでしまうことにあります。難しい漢字を避けて、カタカナに逃げているのでしょうか。背景には、戦後、英語が普及したために、英語で見聞きしたことを漢字に置き換える手間を省いて音をそのままカタカナに置き換えるという傾向もあるでしょう。

「土曜日？　ちょっとスケジュールがタイト。月曜以降にリスケしてもらえないかな。それでエントリーしてもらえる？　それまでにゲットしておくからさ」

この中のカタカナ語はすべて、漢字や他の言葉に置き換えられます。最近よく目にするもので、レガシー、コンセプト、イッシュー、アジェンダ、エビデンス、ファクト、テリトリー、バリュー、アセスメント、ダイバーシティ、ガバナンスなどがあります。これらは、必ずしも元の言葉と同じ意味で使われません。また、アポイントメント（予約）をアポと省略するなど、英語圏の人からすれば、あり得ないような活用をしている場合もあります。

偏見かもしれませんが、会話の中にこのようなカタカナ語を多用するのは、海外で生活を経験した人か、テレビや広告業界の人、外資系企業に勤める人、外国語学習が好きな人、外国に強い憧れを持つ人の中に多いように思います。下世話な言い方をすると「外国語かぶれ」の人がカタカナ語を使いたがる傾向があるのではないかと思います。

先ほどの加藤周一氏は、英語の早期教育の弊害として、「(カタカナ語は)英語の強制が生み出す挫折のはけ口であり、うらぶれた、悲しい楽園幻想の結果である」と述べています。つまり、英語の早期学習が実施されると、英語の習得においては挫折するものの、これまで日本語で言えたことをカタカナ語に置き換えるケースが多発するだろうと言っているのです。

外来語と外国人

ところで、日本語の中のカタカナ語は、外国人学習者にとって大変な負荷となっていることを知っておいた方がよいと思います。

例えば、「ニーズ」という言葉。日本語では「消費者のニーズにこたえる」というような使われ方がされて「要求」「需要」のニュアンスが強いように感じます。英語では、なければ困るという「必要性」「義務」「必要なもの」「困った事態、貧困、窮乏」の意になり、日本語の「ニーズ」より切迫感があります。日本語の「ニーズ」は、「需要」や「求め」であることが多く、英語の元の意味からずれています。多くの場合、外来語の「ニーズ」(need)は、英語では demand に置き換えられることが多いと思います。

マンションや店を改築する、改装する時に用いられる「リフォーム」は、元のreformと違っています。こちらは、制度や法律、組織を改革、改良、改善するときに用いられます。余談ですが、動詞を名詞化したthe Reformationは「宗教改革」を指します。家を改装するときに用いる英語は「リノベート」（renovate）です。

今、流通しているカタカナ語（外来語）の原語はほとんどが英語ですが、アンケートやエチケット、メートル（フランス語）、アルバイト、エネルギー（ドイツ語）、テンポ、コンチェルト（イタリア語）の他、日本で作られた和製英語（ナイター、コンセント、テーブルスピーチ、スキンシップ、キーホルダー、パネラー）などがあって、規則性や統一性がなく、表記と意味を覚えてしまうしかありません。

元の単語を知っている外国人からすれば、日本でだけ出回っている意味を新たに覚えなければならず、違和感があるうえに、記憶する負荷がかかります。

また、「クラス」のように、「組」「階層」「階級」の多義語であることで混乱します。「サイン（署名、合図）」も同様です。

面倒なのは、元の綴りや意味が違っているのに、同じカタカナ表記になる場合です。コート（テニス、防寒衣類）、コード（電線、略号）、ロック（施錠、ロック音楽）、ソース（調味料、出所）、バス（乗合自動車、風呂）、スーパー（マーケット、超〇〇）、ライト（明かり、軽い、右）、キロ（グラム、メートル）などです。

原語の原型をとどめないまま、略語になって定着している場合も難しいです。センチ（センチメートル）、パソコン、ワープロ、プロ（プロフェッショナル、プログラム）。むしろ、ＩＴ関連の用語は、英語をそのまま使っている場合が多いので、分かりやすいかもしれません。ネット、アップロード、アクセスなど。

外国人にとって最もつらいのは、日本語で言えるはずなのに、カタカナ語の方が一般的であるケースです。アルバイト（一時的な仕事）、イメージ（心象、映像）、ウール（羊毛）、コットン（綿）、クラシック（古典）。先に例を出したサージ（急上昇）、コンプライアンス（法令遵守）、ガバナンス（統治）もこれに相当します。

一体、どういう基準で、カタカナになるのか漢字（かな）になるのか、よく分からないと思います。先ほど出た「ワイズスペンディング」（賢い支出）はどうして、こんなことをいうのでしょうか。

「ゴールデンウィーク」は日本にしかない現象なので、和製英語ですが、今や世界でも知られており、通じる場合が多いです。

「やさしい日本語」を共通語に

こんな中、外国人にも分かりやすい「やさしい日本語」で生活情報を伝える活動が、各地で広がっています。外国人の避難誘導が課題となった一九九五年の阪神・淡路大震災がきっかけになりました。この震災では、災害情報から取り残された外国人が多く、外国人の死傷率は、日本人より高かったと言います。一〇〇人あたりの死者数は日本人の約二倍、負傷者は約二・四倍だったそうです。

「やさしい日本語」という運動は、弘前大学の佐藤和之教授の研究グループが推進してきました。災害時にやさしい日本語が在留外国人の命を救えるのではないかという考え方に根ざします。「高台に避難しなさい」ではなく「高いところに逃げて」と伝える方が効果的です。現在では、災害情報に限らず、行政情報の提供や日常生活でのコミュニケーションにも活かせることが分かり、全国の多くの自治体で「やさしい日本語」の普及に取り組んでいます。

やさしい日本語の基本ルールとして、（1）主語と述語を明確に対応させる。（2）二重否定は用いない。（3）受け身や敬語、方言は使わない。（4）漢字にルビ（ふりがな）をふる、などがあります。

「敬語を使わない」と聞いて、なるほど、と思います。例えば、ふだんでも、外国人に「いつ日本にいらっしゃいましたか」を「いつ日本に来ましたか」と言い換える方が、間違いなく伝わる上に、実は親切でもあるからです。

私たちが当たり前に使っている日本語を見直すことも必要かもしれません。「炊き出し」

という言い方は難易度が高いです。《温かい　食べ物を　作って　配る》と置き換えると分かりやすくなります。「避難所」は《みんなが　逃げて　集まるところ》。「停電」は《電気を　使うことが　できない》。通訳者は《外国語の　わかる人》となります。

右の文章が示すように、「分かち書き」も時には必要です。多くの外国人が、日本語の表記を難しいと感じるのは、日本語が分節ごとにスペースを置く「分かち書き」をしないからです。詳しくは弘前大学の「やさしい日本語」のウェブサイトを訪れてください。

今、全国の自治体では、「やさしい日本語」で書かれたハンドブックが配布されています。京都市の市民団体の「やさしい日本語」有志の会は、市の要請を受けて、やさしい日本語で書かれた「防災ガイドブック」を作りました。同様のものは各地で配布されています。

地域によっては、技能実習生が多く集まる所も多く、在留外国人の多国籍化が進んでいます。各地の自治体は、英語、中国語など主要言語への翻訳だけでは対応しきれないため「やさしい日本語」の活用を一般の生活情報にまで広げています。

日本では、「外国人に話し掛けるときは、英語を」という先入観を持った人が多いです。しかし、実は、日本で暮らす外国人の大半は、「母語の次に使えるのは日本語」であるということに注目すべきだと思います。日本で暮らす外国人をきちんと受け入れるには、まず生活するための共通言語が必要です。そして、共通言語は「やさしい日本語」がふさわしいのではないでしょうか。

実は、ごく普通の日本人も「やさしい日本語」に触れる利点はあると思います。私たちは、複雑で込み入った日本語に慣れすぎていないか、見直すきっかけにもなると思います。自戒も込め、やさしい日本語にもっと注目してみようと思います。外国人泣かせの敬語も、実は使用が過剰であるかもしれません。

「やさしい日本語」が普及することで、私たちがふだん使っている日本語に好影響が出てくることを期待します。どの言語も不合理な部分がありますが、日本語の不合理な点も、私たちが気付いていてもなかなか改まりません。多くの外国人が日本語を使うことで、この言語がさらに使い勝手のよいものになっていけばと願います。

ところで、私は、ある秘訣を日本で暮らす外国人に示すことがあります。外国人が日本語で話し掛けるときは、「あのう」「あのね」を文頭に付けると、日本人は安心する、聞いてくれやすい、ということです。

コラム⑧ 日本映画に字幕を

海外に出かける度に、残念に思うのが、地元の映画を楽しめないことだ。むろん、映画館に行くことは簡単だ。問題は言葉だ。米国なら、今でも空いた時間に映画館に足を運ぶことにしている。しかし、セリフの応酬を見せる映画は敬遠しがちになる。付いていけないからだ。

そんなことをフランス人の友人に話していたら、言われた。

「日本の映画はおもしろい。アニメはもちろん素晴らしい。しかし、現代を描いた人間ドラマがいい。良質の映画がそろっている」

友人は、飛行機の中でよく日本の映画を観るという。フランス語の字幕があるから、問題ないのだそうだ。

「東京の映画館でも、字幕を付ければ良いのに、各国語で。きっと映画館に外国人が殺到するよ。メガネ式の字幕装置でも配れば、いいんじゃないの？」

なるほど。飛行機の中では、各国語の字幕や吹き替え付きの映画がいっぱいある。この時代、「字幕用メガネ」なんて簡単に開発できるに違いない。

「で、どんな映画が好きか」と訊ねた。

田舎の落ちこぼれ女子高生を描いた『スウィングガールズ』、都会で挫折したチェリストが納棺師になった『おくりびと』、病院で子供を取り違える話の『そして父になる』、とすぐに答えが返ってきた。

「日本の映画は、生活の細部をきちんと描いてあるので、おもしろい。ファンは世界中にいる。テーマは、日本人が思う以上に、普遍的だしね」

《第3部》

地球市民としてのコミュ力

#9 日本はコミュ障の国？

東京ではコンビニ店員の「いらっしゃいませ」に応える人はあまりいません。見ていると、客はレジで、無言のまま品物を渡し、無言のままお金を払い、「ありがとう」の一言もなく立ち去ります。客が店員と目を合わすことはありません。ファミリーレストランでは、店員が食べ物をテーブルまで届けても、客は無言のまま受け取ります。

満員の地下鉄車両で、降りる駅で無言のまま体当たりで周囲の人をかき分けて扉に向かう人がいるのは普通の光景です。「すみません、降ります」と言えば、一〇倍も楽に出られるのに、その一言がありません。

都内の普通の大学の学生を観察していると、授業で無言を押し通す人は割といるものです。当てても、「当てた教員が悪い」と言わんばかりに、だんまりを決め込みます。で、この人が、無口かといったら、そうでもありません。別の場面で、実に生き生きと仲間とタメロで話す光景を目の当たりにします。同一人物と思えないほど、雰囲気まで違います。

店員にあいさつしない人も、地下鉄で乗客をかき分けて出る人も、家族や友人、同僚とは打ち解けて談笑だってするに違いありません。もしかしたら、インスタグラムやツイッターなどSNSで、一万を超えるフォロワーがいるかもしれません。

しかし、見知らぬ人と会話をしないということが気になります。見知らぬ人は、自分の世界の人間ではないのでしょうか。仲間や身内だけがその人の世界なのでしょうか。社会人類学者の中根千枝氏は、日本人社会を説明するために、「ウチの者」と「ヨソの者」という概念を用い、「まるで『ウチ』の者以外は人間でなくなってしまうと思われるほどの極端な人間関係のコントラストが、同じ社会にみられるようになる」と述べています（『タテ社会の人間関係』p.47）。

コミュ障日本、四つの視点

初対面の人に声を掛けることを苦手とし、他人に自分のことを説明するのが不得手な私たちが、日本のことを外国の人に伝えるのは難題です。グローバルな世界で、日本人はコミュ障になりがちです。この事態にどのように向き合えばよいのでしょうか、第3部では次の四点を手がかりに考えてみましょう。

第一に、「世間」の中に生きる日本人について考えます（＃9）。日本人は、社会（知らない人がいる世界）と世間（利害が一致する共同体。ムラ社会）の両方で生息しています。しかし、気さくに話をし、談笑ができるのは世間の中であることに注目しました。

第二に、世間、とりわけお互いがお互いを知る集団では、共有できるものが多く、「高コンテクスト社会」となります。「以心伝心」という言葉があるように、全部を話さなくても通じる場合があります。この世間における独特のコミュニケーションについて考えましょう（＃10）。

第三に、「日本語があいまいである」と言われるとき、それは、一人称や二人称がはっきりしないことにも原因がありそうです。主体や責任をはっきりさせないことも往々にしてあります。日本語には「I love you」という決めゼリフがないことに注目しました。グローバル化した日本では通用しにくい「あいまいな日本語」について考えます（＃11）。

第四に、日本語があいまいだと言われる理由は、概念をあらわす抽象的な言葉にあるのではないかと考えました。会話の中で、「概念」が上滑りするため、きちんとした意思疎通が成り立ったように見えて実は、そうではないという現象が起きていることを考えます（＃12）。

相撲とムラ社会

相撲界の不祥事が盛んに報道されます。内と外、本音と建前、古い体質と新時代、個人と組織、伝統と現代、日本人と外国人など、日本社会を象徴する要素が噴出しました。また、礼儀、礼節、品格、相撲道など、相撲を語る際の独特の価値についても論じられます。

角界(相撲界)という閉鎖的な「ムラ社会」の行方を多くの人が見守ります。なぜ、相撲の世界のことがこんなに報道されるのでしょうか。理由は簡単です。多くの日本人にとって他人事とは思えないからです。角界というムラ社会で起きることは、実は、日本の企業社会や学校、病院など、さまざまな組織でも普通に見られるからです。いま角界で起きていることは、一般の人たちが経験することを、よりはっきりした形で私たちに見せてくれます。例えば、日本の企業はそれぞれが「ムラ社会」を形成しており、従業員同士や上司と部下の身内のもたれ合いで成り立っています。本音と建前、暗黙のルール、商慣行など明文化しにくい決まりで全員が動きます。角界で起きていることと根は同じようです。

日本では明治以来、主に、科学や技術の分野で「近代化のシステム」が成し遂げられ、世界最高水準に達しました。片方で、近代化する以前の「ムラ社会」を維持しています。「本音と建前の使い分け」「ルールよりも義理と人情」「出る杭は打たれる」「長いものにはまかれろ」「組織優先、個人は後」が幅を利かせるような古い体質を持っています。

ムラ社会のことを「世間」と呼んだ一橋大学の阿部謹也氏は、「人間関係の近代化」という言葉を使い、日本の近代化の過程でムラ社会（世間）が温存されてきたことを次のように説明します。「（明治以来）近代化は全面的に行われたが、それが出来なかった分野があった。それが人間関係である。親子関係や主従関係など人間関係には明治政府は手をつけることが出来なかった。その結果近代的な官庁や会社の中に古い人間関係が生き残ることになった」（『近代化と世間』p.92）

他から見えない「世間」

阿部謹也氏の言っていることを私なりに要約すると、次のようになります。

- 二つのシステムが日本を貫いている。一つ目を「近代化システム」と呼ぶ。数字やデータと論理が作るシステムであり、日本は欧米の文明を取り入れることで近代化を推進した。このシステムは、自動車やエレクトロニクスの量産や、都市交通に活かされ、世界でトップレベルに達した。つまり、このシステムは可視的であり、機能した
- 二つ目のシステムを「歴史的・伝統的システム」と呼ぶ。論理でなく義理人情によって結ばれている人間関係である。こちらの方は、決して西欧化（近代化）することなく今

に及んでいる。明治政府も近代化できなかった分野であり、それが「世間」である。世間とは「自分と利害関係をもっている人々の世界、関係」と言える。外から見えない

・日本では古くから「世間」が私たちの住む世界であり、「社会」は存在しなかった。言葉としての「社会」は一八七七（明治一〇）年に、「ソサエティー」が西欧語から訳されて日本に導入された。しかし、「世間」は古語として葬られたわけではなく、会話の世界と一部の文章用語として残る。世間のルールは明文化されていない

・「社会」は「個人」と対置されるが、世間においては「個人」が埋没する。世間の中で、個人として生きるのは難しい。ちなみに「個人」が日本語に訳されたのは一八八四年である。それまでindividualに相当する概念は日本には希薄だったことになる

・近代化の「表看板」の下で、私たちは「世間」を隠してきた。特に外国人には「世間の存在」すら隠してきた。表向きの議論の中ではその存在が否定されてきた

このように並べてみると、「社会」と「世間」の違いが分かると思います。

阿部氏が言うように、企業経営者であれ、有名人であれ、不始末を謝罪するときに「世間を騒がせて申し訳ない」という言い方は今も普通に使われます。

私も子供の頃からさんざん、次のような言葉を耳にしました。「世間では通用しない」「世間に笑われる」「世間知らず」「世間ずれしている」「世間離れした」「世間を知らない」「世

間の風にあたる」「世間体が悪い」。何となく「社会」はよそよそしく、「世間」には生活感があります。

政治家が失言する理由

阿部謹也氏は、世間の持つ不合理性を示す典型例として、地方で選出され、国政に従事する政治家を挙げます。政治家は自分の選挙区では「世間」の中で暮らしており、土地の言葉で語り、義理人情の世界に生きています。そして選挙で、地元民によって選ばれます。しかし、東京に出てくると、お国言葉を捨て、データや数字を用いて、論理的に話そうとします。政治家は、言ってみれば、地方と東京の二つのシステムを使い分けて生きているようなものです。

政治家が失言をするのは、地元支持者にサービストークをする時です。このとき、システムの使い分けに失敗します。仕事上身に付けた「論理の世界」から、慣れ親しんだ「義理人情の世界」（世間）に戻って油断するのです。

なるほど、と思います。これは企業にも当てはまります。

本来、数字やデータ、つまり私情や本音を控えた論理が基礎になるはずの会社経営でも、世間ゆえに思わぬ失敗に至ることがあります。報告すべき不都合な事実があっても、上司や幹部など人間関係（世間）を気にするあまり、「多少不都合なことをしても、それで全体のためになればよいか」とばかり情報を正しく伝えず、後に大事となって、世間の外からの追及にあうというケースです。最近の製品のデータ不正問題はそうやっておきました。あるいは、社内に複雑に存在するいくつもの小さな「世間」の対立から、情報がゆがんだ形で外部にリークされ不祥事となって明るみになります。

思えば、過去一〇年ほどのうちに、組織を正当に治める（統治する）という意味の「ガバナンス」や法令を尊ぶという意味の「コンプライアンス」が使われるようになりました。変なカタカナ語です。つまり、ガバナンスやコンプライアンスが示す実態が日本では希薄だったということでしょう。

戦後日本は、従業員が「企業戦士」になることをいといませんでした。製品を国内はおろか、世界中で売りまくりました。その際、本当に正しい手順であったかどうかも分かりません。「自分の会社が回ればよいか」ぐらいに思っていたフシはあります。ガバナンスやコンプライアンスの基になる「公正さ」を、企業が、従業員や取引先（下請けなど協力会社）に対して、実践してきたかどうかあやしいです。従業員や取引先は「世間」の構成員なのですから、明文化したルールなど必要なかったのです。従業員の「サービス残業」や大企業による「下請け泣かせ」もそうやって起きるのではないでしょうか。もう少し言うと、戦後日本の企業は多かれ少なかれ、「家族ぐるみで社に貢献」することを従業員に期待していました。

会社は従業員の家族をも「世間」に組み入れて運営してきました。経営効率が高いはずです。だから、会社は従業員の家族の面倒をみていました。

ところで、会社に勤める従業員は、昼間は、数字やデータ、論理で動きますが、午後五時以降は、居酒屋で上下関係を希薄にした状態で、「世間話」として仕事について語り合います。つまり、「世間の時間」を持ちます。翌日は、オフィスで、まるで昨晩の「世間の時間」がなかったかのように、上意下達の命令系統と「データと論理」の世界が繰り広げられます。そしてまた、五時か六時に「世間」の会合を持つわけです。アフターファイブの会合は従業員が自発的に行うので、会社も残業代を払う必要はありません。日本企業の不正や不当な長時間労働、過労死などは、会社（昼）と世間（夜）の使い分けがうまく行かない場合に起きやすいと私は思います。世間にうまく溶け込めなかったり、何らかの事情で世間との関わりがうまく行かない場合に、悲劇が起きやすいように思います。

「昼と夜で言うことが違うのか」

私のいた報道の世界でも、二つの異なったシステム、つまり論理の世界と義理人情の世界が同時に存在していました。取材活動では合理的に動きながら、一方で世間（閉じた世界）を形成して、情報を取る場合があります。

記者は通常、事実やデータ、証言、証拠を集めながら、取材を進め、記事を執筆します。記者会見は、データと論理の世界です。また、相手と個別に会って質疑応答で話を進めるインタビューも同じです。理詰めの質問が尊ばれ、答える方もそれに応じる努力をします。

しかし、データや数字、論理だけでは物語性のあるニュースになりにくいです。扱う事件が複雑で、人間的な感情や政治的な、つまり人間くさい、判断や仕掛けを扱う場合は、記者会見やインタビューだけに頼っていては「読ませる」記事になりません。このため、当事者から多様な情報を聞き出す必要があり、会見が終わったあと、記者はこっそり当事者と接触を試みます。

記者は当事者に対して、「会見では、あのような説明を受けたが、ざっくばらんな話を聞きたい」と、記者と当事者の双方が気を許して話せるような面会を申し込むのです。つまり、公式の会見の場では「よそ行き」の言葉で話しますが、個別の面会を設け、「よそ行き」を排し、つまり「かみしもを脱いだ」状態で、お互いが世間を共有するような意思疎通を図ろうとするのですね。うまく行く場合と行かない場合があります。相手と打ち解ければしめたものです。論理的に語られる言葉とは違った、「生の」（義理人情の）情報を引き出すことができます。記者本人は見ていないのに、「見てきたかのような」事件経過を記事に仕立て直しやすくなります。

さらに記者には「夜回り」という関係者の自宅を訪問する取材手法があります。夜回りは、必ずしも、玄関先で、事実関係を確認するだけではありません。面識のある会社社長や警察幹部、検事、政治家の自宅を訪れます。「ちょっと上がっていきませんか」となることもあります。記者会見のように、取材を受ける側は揚げ足を取られる心配はないし、周りに関係者がいない状態で記者の持つ情報を入手できるかもしれません。取材する記者の側からすれば、「生の情報」や「ここだけの話」が得られる上、的外れの質問をしても、恥をかく心配はありません。ここでも、「よそ行き」が排されます。もたれ合って、相手の顔色を見ながら「世間話」という懇談をするのですから、両者にとって好都合です。

記者が手土産を持って行くことがありますし、相手からコーヒーやアルコール、食事が出されることもあります。つまり、夜回りは、独特の人間関係を作り、恩を売ったり売られたりしながら、双方にメリットをもたらすのですね。

米国にいるときに、夜回りについて、地元の記者に説明したことがあります。うまく理解されたかどうか分かりません。米国人記者の率直な感想が今も忘れられません。「日本では、警察官も政治家も、昼と夜で言うことが違うのか」

「私が聞くしかない」

ところが、データと数字、論理の世界であるはずの公式の記者会見そのものが、「世間」

の会合であることがあります。

二〇一七年、内閣官房長官の記者会見が、ムラ社会の出来事であるような印象を多くの人に与えました。連日のように森友・加計学園の疑惑が報じられているにもかかわらず、定例の内閣記者会見では、菅義偉官房長官に対してストレートな質問は出なかったそうです。一日二回の定例の会見であるため、官房長官も記者集団もお互いが顔見知りのような、つまり誰も意識しないうちに閉鎖的な「世間」が作られたのでしょう。記者はせいぜい、知っていることを確認するような質問をする程度なので、まるで予定調和のイベントであったようです。

この会見にある日、「東京新聞」の望月衣塑子記者が現れて、徹底的な質問で菅官房長官を追い詰めたことで、この記者会見の閉鎖性が浮かび上がりました。加計学園問題に関して、四〇分近く二〇回以上にわたり質問を繰り返したのです。答える立場の菅官房長官が明快な答えをしなかったからです。進行役から「質問は繰り返さないよう」という指摘に対して、「質問に対する答えをいただいていないので繰り返すしかありません」と望月記者は負けていませんでした。

官房長官の会見は新聞社や通信社、放送局の政治部の記者が出席します。彼らの多くは内閣記者会という官邸の記者クラブの構成員でもあります。通常の記者会見の暗黙の（世間の）ルールに支配されています。ここで、暗黙のルールを知らない「外部の」社会部記者である望月氏が「だれも聞かないなら、私が聞くしかない」と聞くべきことを質問したのでした。

記者として当たり前の行動です。

官房長官の記者会見としては、ずいぶん異例のことだったので、望月記者の行動そのものがニュースになりました。一連の顛末を望月氏本人が出版しました（『新聞記者』）。政治家と記者が形成した「世間」に立ち向かった記者の状況をうまく伝えています。

「日本人に負傷者はいませんでした」

実は、日本全体が、大きな一つの世間ではないかなと感じることがあります。

日本人が巻き込まれる事件や事故の報道を思い起こしてください。外国で大きな災害や事故があると、日本のニュースでは「日本人に負傷者はいませんでした」「乗客に日本人はいなかった模様」と伝えられます。日本人にとって、最も大きな世間である日本の存在を感じます。

ここでいう「日本人」とは何かというのは実は大きなテーマです。日本のパスポートを持つ人か、日本で生まれた人か、日本で教育を受けた人か、生まれた国は違うが両親、あるいは片方が日本人か、などです。

「日本人に負傷者はいなかった」「日本人は無事だった」というのは、とにかくは自分の仲間の安否だけを伝えているようにも思います。日本のメディアが日本人のために報道活動をするのは自然のように見えますが、日本が世界地図の中である部分を占めていて、日本列島とそれ以外に分けているようにも考えられます。つまり、日本が全体として「ムラ」になっているように見えます。

日本人のテニスや体操、フィギュアスケートの有名選手の報道でも同じことが言えます。「〇〇選手は、惜しくも金を逃した」「〇〇選手、堂々入賞」というニュースは、明らかに日本人のための報道です。世界を平等に見る視点からは、銀メダルでなく、金メダルの選手のことがニュースになります。まして、入賞は、特別な要素がない限り、ニュースではありません。大学の世界ランキングで、「今年は、東京大学は五〇位以内に入った。昨年の〇〇位から上がった」というニュースも同じです。

ニュースを見る人や新聞の読者は、暗に、同胞の、同郷の人間の動静を知りたがるものです。だから、日本のメディアがこれに応えようとするのは筋が通っています。そのように考えると、メディアはムラの要請に応えながら、ムラを形成しているのかもしれません。ニワトリと卵の関係のようでもあります。

日本が孤立した国であり続けるのであれば、それで良いかもしれませんが、今では日本列島にいるのは何も日本人とは限らないという事情に着目しなければならない時期にあるように思います。地球市民として、どう生きるのかに関係するのではないでしょうか。

コラム⑨「おもてなし」に異議あり

大人の会話の中で、「お友だち」や「お仲間」というように、「お」が付けられると、ちょっと意地悪な意味合いが入る。「お友だち内閣」と呼ばれると、その内閣は、首相の仲間内だけで構成されることを意味する。「A君は部長と『お仲間』だから」とサラリーマンの同僚が言えば、「そっか、部長とAは何か特別の関係があって、Aは必要以上に厚遇されている」と分かる。

さて、「おもてなし」だ。二〇二〇年のオリンピックを招致する時に滝川クリステルさんが、フランス語のスピーチの中で、「お・も・て・な・し」と発音して、流行語にもなった。以来、日本の観光政策について語るとき、必ず「おもてなし」が出て来る。異和感がある。

そもそも、お客が来たら「もてなす」のは当たり前で、ことさら事業の柱にすることにうさんくささを感じる。物品や商品としてのサービスが割安で得られるのか。ごちそうしてくれるのか。せいぜい「いらっしゃいませ」「ありがとうございます」を大声で繰り返すだけじゃないかとイヤミを言いたくなる。

そもそも、私たちは「もてなし」を求めて旅行するだろうか。

名所や旧跡、良い風景、美味しいものなど強力な観光資源があれば、世界中から人は来る。例えば、イタリア。「もてなし」が良いとは決して言えまい。世界中から人が来て、観光スポットでは物価も高い。加えて、イタリアの大都市ではスリに遭う確率がとても高い。私はミラノで財布を盗られ、警察に駆け込んだことがある。そのことを友人に言うと、「それはね、イタリア旅行をしたという証拠だ」と言われたことがある。それでも、イタリアには何度でも行きたいと思う。

「おもてなし」という言葉に嘘くささを感じるのは、その真意だ。「すばらしい日本をみてほしい。たくさんお金を使ってほしい。で、気持ちよく帰っていただきたい。住もうと思わないでね」。難民を受け入れない日本と「おもてなし」は、どこかで通じているように感じる。

#10 「人間関係の近代化」を

日本語はあいまいだとよく言われます。「結構です」と言われたとき、良いのか悪いのかが分からないことがあります。

理髪店で、「今日はどうしましょう？」と聞かれて「いつもと同じぐらいで。でも今日はちょっと短めで」と言っても、「はい分かりました。いつもと同じぐらい。ちょっと短めですね」と会話が成立します。「何ミリ短くするのか」はあまり問題になりません。日常生活は案外、あいまいな表現で回っているようです。しかし、日本語そのものがあいまいなわけではありません。

本章では、日本人の日本語や英語のコミュ力の下に潜む言葉への態度について考えてみましょう。日本人や日本語にまとわりつく「あいまいな」イメージが浮かび上がって来そうです。

日本語はあいまいか

技術の粋である《レクサス》のような高級車が日本で量産されています。何百人という技術者が関与しており、彼らは日本語を使って精魂込めて高級車を作ります。客からの要望や要望にならないような声もすみずみに反映されているに違いありません。新幹線もロケット技術にしても、世界最高レベルの何十万点のパーツや発明が盛り込まれてそれが見事に稼働します。納入業者や共同作業する会社の数は途方もない大きさだと思います。一方で東京という世界屈指の近代都市の複雑な交通システムは、あいまいなコミュニケーションをしていたのでは、一日も運営されないでしょう。

ノーベル賞の受賞者をみても、二〇〇〇年以降では毎年のように日本人の受賞者がいます。今の時代、科学や技術の分野では、世界的な偉業はたった一人でできるものではありません。チームプレーに支えられます。十分なコミュ力がなければ世界最高峰に到達することはできません。文学やアート、エンタメ、スポーツの世界でもコミュ力は必須です。

こう考えると、日本語によるコミュニケーションは、細かな情報を末端まで伝えきることができ、システムや製品を細部にまで磨き上げることを可能にしていると言えそうです。あいまいさを許していません。「日本語はあいまい」というのは正しくありません。

日々の生活では、「結構です」を使いこなすのは難しいですが、使えると便利です。肯定的か否定的か、あいまいであっても、その場が問題なく過ぎます。理髪店での会話は行きつけのところでしか使わない、実態のないあいさつのようなものです。しかし、このようなコミュニケーションは、お互いがお互いのことを知っていることが前提で成り立っています。

多くの日本人はこれまで、お互いが相手のことを推察できる「世間」の中で暮らしてきたので、あいまいな表現が尊ばれ、社会が回ってきました。しかし人や情報が自由に往来する新しい時代では、日本のことや地域のことを知らない人と接する必要が出てきます。

高コンテクスト社会

「顔はいいから、頭を頼む」

いきなりこう言われると何のことかわかりません。どきっとするかもしれません。しかし、理髪店で客の要望だと分かれば問題ありません。顔そりは不要だと言うことですね。

こういう例はどうでしょうか。

「おれ、たぬき」

「わたしはきつねかな」

「じゃ、ぼくはうなぎだ」

こういう三人の会話は、特段珍しいことではありません。うどん屋かそば屋など和食の店で、食べ物を注文する時のことをイメージすれば分かると思います。「おれ、たぬき」は「私はたぬきそば（うどん）を注文したい」でしょうし、同じように「私はきつねそばを食べたい」「私はうなぎどんぶりを頼もうかな」という意味ですね。文章が極端に短くても、全体の状況が共有されているので、会話がいささかの問題もなく成り立ちます。

次の例はいかがでしょうか。

「妹は男だ」

これだけ聞くと、何だろうか、と思いますね。しかし、ある特定の状況では十分に言うべきことを言い尽くしています。

仮にあなたには、兄と姉、それに妹がいると仮定します。三人に最近、赤ちゃんが誕生しました。あなたは友人に自分が、三人の「おば（もしくはおじ）」になったことを説明します。「お姉ちゃんは、女の子を産んだ。お兄ちゃんのとこも、女の子が生まれた」と言った後、「でもね、妹は男だった」と言えば、これはごく自然な日本語です。

このように、特定の状況があれば、言葉による説明は大胆に省略しても、十分に通じることが分かると思います。一般に、状況や前後の脈絡など「コンテクスト（文脈）」が強く共有されている社会では、言語表現に強く頼らなくても意思疎通が取りやすいです。このような文化や社会を「高コンテクスト文化」「高コンテクスト社会」と呼びます。

「空気を読む、読まない」という言い方があります。いちいち言語で説明しなくても、雰囲気で理解することを「空気を読む」と言いますね。その場の状況（空気）を読める人が多いのが、「高コンテクスト社会」です。日本は、世界で最も高コンテクスト社会だと言われます。ずいぶん重要な情報でも、言葉で共有されません。沈黙も決して不快なことと思われません。言葉で細かに説明しなくてもお互いに分かりあえる、いわば「察しの文化」です。いわゆる、あうんの呼吸で、忖度《そんたく》の社会です。コミュニケーションは、人間関係や社会習慣など、言語メッセージ以外の要素に依存します。

高コンテクスト社会に対して、「低コンテクスト社会（文化）」があります。こちらは、言葉に表現された内容のみが情報としての意味を持ち、言葉にしていない内容は伝わらないと考えられます。何事も言葉にしないとわかりあえない「言葉の文化」といわれます。沈黙は嫌がられます。意志決定は論理的に行われ、感情的であることは歓迎されません。一般に西欧圏が「低コンテクスト社会」と言われます。

昭和時代の日本企業

日本で、何かを人に依頼するときに、「それ、難しいです」と言われたら、「あ、断られた」と受け取るのが正しいと言われます。同じく、「考えておきます」と言われたら、「私はあなたの要求に応じられない」という本音を読まなければなりません。

しかし、もしも、英語圏の人に「It's difficult」と言ったら、「難しいことは分かった。じゃ、他にどのようにしたら、できるのか」と聞き返されそうです。

「もうお帰りになるのですか、そんなこと言わず、お茶漬けでもいかがですか」という言葉を真に受けて、「はい、それではいただきます」と言おうものなら、末代にまで非難されるという「京の茶漬け」の伝説が思い浮かびます。「お茶漬けでもいかがですか」は、「早く帰れ」というサインが秘められているという話ですね。もしも、この言い伝えが本当なら、京都は世界で一番高コンテクスト社会です。

私も長く、日本の会社に勤めていましたので、職場でもどこでも「空気」を読むことには慣れています。「それ、ちょっと考えておくよ」と言われたことは何度もあります。もっとも、私の場合は「いつ返事をいただけますか」「それって、無理ってことですよね」と念を押すことがありました。

私が二五年務めた通信社は、「一匹オオカミ」を少しは許容する記者の集団でした。このため、個々の記者の判断や決定は割と尊重されていたと思います。それでも、常に同僚の気持ちを推し量りながら、仕事を進めていたものです。組織の一体感はそのようにして作られました。

「ムラ社会」では通常、一匹オオカミを許しません。出る杭は打たれます。空気を読んだり、忖度することが求められます。均一性が高いムラ社会では、情報が共有され、次の行動も予測しやすいので、組織経営は楽です。ガバナンスがなくても、あうんの呼吸で動くのです。実際、こういった会社全体の一体感は、昭和時代の日本企業の強みになっていました。

客室乗務員のコミュ力

この典型例は、日本の航空会社の機内運営です。客室乗務員（キャビンアテンダント＝CA）は、声を出さないまま、数メートルから時には一〇メートル以上離れた同僚のCAに、ちょっとした動作と表情だけで、お客には分からないように、コミュニケーションを取っています。まるで、言葉を用いない伝達システムがあるようなものです。そのための研修があり、マニュアルもあると聞きます。欧米系の航空会社が、これに注目し、日本型のCAのコミュニケーションを導入しようとするのですが、結局、あきらめたということを聞いたことがあります。

日本のシステムがうまく習得されるには、同質性の高い背景を持った人を採用しなければならず、不可能なのですね。同僚の考えや行動が予想できるからこそ「あうんの呼吸」が成立する高コンテクスト社会でのみ可能なようです。

確かに国や文化圏によって、飛行機のCAのコミュニケーションには違いがあります。概して、同質性の高い社会で知られる日本などアジア系のCA同士の非言語コミュニケーションはスムーズに行われているように感じます。

日本航空や全日空の国際フライトは快適です。物腰が穏やかで、静かに話すCAのきめ細やかなサービスがあるからです。これには、日本人だけでなく世界的にファンが多いことはうなずけます。

とはいえ、良いことばかりではありません。日本の航空会社のCAを見ていると、日本人客への対応はパーフェクトかもしれませんが、日本語ができないお客への対応に苦慮している様子を時々見かけます。日本の航空会社の旅客機は、今のところ日本人客が圧倒的に多いので、この点は「新しい開国」の時代の課題かもしれません。

コラム⑩　漢字文化圏とは

世界で漢字を使っている国はどこだろう?

「漢字文化圏」という言葉を耳にするが、漢字を使っている国は、実は、中国と台湾、それに日本だけだ。他に、複合民族国家のシンガポールやマレーシアなどで使われている程度だ。

ベトナムもかつて漢字を用いたが、フランスの植民地になってローマ字(ラテン文字)化が進み、漢字を放棄した。北朝鮮は一九四九年に漢字を全廃し、ハングル表記の国となった。韓国でもハングル化が進み、公文書や街頭から漢字が姿を消した。

本家の中国では、従来の漢字を簡略化し、画数を減らした「簡体字」を用いる。一九五〇年代に使われ始めた。中国語の表記では、国家主席の習近平は「习近平」となる。

「漢字なら分かる」とばかり、日本人が北京や上海に行って、とまどうのは、略字のような簡体字を知らないからだ（台湾と香港では、日本人にも分かりやすい「繁体字」を使っている）。

かつてなら、日本人と中国人は、筆談することでおもしろいように意思疎通ができた。しかし、日本にいる中国人留学生に聞くと、彼らは簡体字しか知らないので、日本語の中に用いられている漢字を見ても、すぐに分からないことがあるという。

ベトナムや朝鮮半島は漢字の使用を放棄したし、中国に一度は影響を受けながらも、チベットやモンゴル、ウイグルなど周辺国家は結局は漢字を採用しなかった。漢字が難しすぎるからだろうか。

「もし漢字が滅びなかったら、中国が（先に）滅びるだろう」。こう予言したのは、日本にもなじみの深い文学者の魯迅《ろじん》だ。

毛沢東は革命を推進する過程で、中国の識字率の低さを嘆き、一九四九年に中華人民共和国の成立後に、思い切った漢字の簡略化を進めた。これが簡体字となる。同時に、漢字をローマ字表記する「ピンイン」化を進めた。辞書や辞典の索引を作ることが容易になった。キーボードで打てるようになり、外国人にも学習しやすくなった。

中国で進行しているさらなる技術革新は、言語表記の単純化のおかげだと言えるのではないか。中国政府は今、中国語のローマ字表記など、合理化を真剣に考えているかもしれない。

一九七四年、北京を訪れた日本の訪問団に対し、最高指導者の鄧小平氏が「中国は昔、日本に漢字を伝えて、日本に迷惑をかけた」と述べたらしい（田中克彦著『言語学者が語る漢字文明論』p.201）。中国は時に、大胆に変身する。気がつけば、日本が唯一の漢字の国になっていたりして。

#11 I Love You がない言語

日本語には、「I love you」に相当する決めゼリフがない――。

高校時代の現代国語の時間に、そう教わったことがあります。恋愛の過程で決定的な展開を作らなければならない場面で相手に告げる「I love you」は、フランス語にも、ドイツ語にも、中国語にも、他の言語にもある。しかし、日本語にはない。「なぜか」とその先生が高校生の私たちに迫ります。

先生は旧制高校出身。私より四〇歳も年上です。大正デモクラシーの自由を知っている、いかにも教養あふれる知識人というタイプの人でした。高校生に対して「ものごとを疑え」といつも挑発します。

日本人が恋愛しないはずない。言葉に関係なく、あらゆる人が恋愛状態におかれる。その時に、どうやって相手に自分の最高の思いを伝えるか。「諸君らは、どう言うか?」

「死んでもいいわ」

高校生なりに、「私はあなたが好きです、と言うと思う」「私はあなたを愛してます、と言います」と反論しますが、「諸君ら、本当にそんなこと言うのか。『私はあなたを愛します』、そんな日本語はない」と先生は生徒に挑み続けます。

ある生徒が「日本語は豊かなのだから、各自の工夫が尊ばれる。そんなストレートな言い方をしなくても通じる。それで問題は起きない」と言い、別のクラスメートは「言葉にしなくても通じるはず。それでいいのではないですか」と答えます。先生は「責任が伴う言葉なのだから、相手が誤解する余地のない、はっきりとした言い方が重要なのではないか。誰が誰に何を言ったのか、というのが大事なのではないか。主体は誰なのか。この国で、誰が戦争を始めて、誰が終わらせたのか、よく分からない。戦争の責任はどうなった？」と切り返します。「戦争と恋愛は違うのでは」「でも、伝わればいいじゃないですか」とクラスメートの声がだんだん小さくなります。

生徒が沈黙すると、「I love you」を小説の登場人物にどう言わせるか、が明治以来、日本の作家にとって重要なテーマだったと、ここで先生の文学講義が始まります。明治の文豪の話が出てきて、二葉亭四迷がロシアの小説を日本語に置き換えるときに、登場人物（女性）の言葉として「死んでもいいわ」と訳したとか、夏目漱石が弟子に示した「月がきれいですね」という言い伝えがあるとかいくつかの例をあげます。

先生は、日本語に「I love you」がないのは、発話する「主体」も聞き手の「客体」にも、徹底した思いがないからではないか、つまり、自我と他者を峻別する意志が弱いのではないか、と言います。続けて、実は「日本語には、一人称も、二人称も厳密にはない。状況で判断し、会話が成立する。決定的なことを言う場合や、何かを宣言することが難しい言語だ。いや、私たちの心のなかに、ものごとをはっきりさせることを避けたがる傾向が強い。雰囲気に流されやすい」と言っていました。先生は尾川正二（大宅壮一ノンフィクション賞受賞）という人で、『原稿の書き方』のほか、日本語表現論に関する本を何冊も出しています。

状況が言葉づかいを決める

その後、授業でどのような話に展開したのかは忘れましたが、以来、日本語における「I love you」、それに付随して、先生が言っていた「日本語を話すとき、状況が言葉を決める。だから、あいまいになる」ことを繰り返し考えることになりました。確かに、日本語を使って会話をする限り、相手との距離、つまり、相手の身分や年齢を読まなければなりません。敬語を無視しては、会話ができないのが日本語です。「状況が言葉づかいを決める」と言われれば、その通りです。初対面の人が、自分より年上かどうか知らないと、敬語がつきまとう、会話としての日本語をうまく使えません。

I love you という英語は実にシンプルです。誤解のしようがありません。love という動詞をはさんで、一人称と二人称だけで出来上がっています。今ここで、便宜的に、「I」を「私」、「you」を「あなた」としますが、「私」と「あなた」は異なった人格です。異なった相手に、確実に伝えなければならないメッセージですから、シンプルであるべきことは理解できます。また、I love you は、主体と客体との合意形成を求めて片方から発せられるので、契約の着手という意味合いもあります。

I love you と相手に伝えるこの行為には、日本語では、「愛を告白する」「打ち明ける」という言葉が用いられ、今時の学生らの間では「告白」という言葉はそのまま「愛の告白」を意味し、恋愛プロセスの大きな通過点という認識にあるようです。学生は気心の知れた仲間内で「私ね、とうとう告白しちゃった」「え? 告白したの。やったね」と言い合っています。

告白と宣言

ところで、一般に「告白する」「打ち明ける」は、英語では「confess」という動詞を使います。教会で懺悔《ざんげ》する場合に用いるほか、「隠していたこと」を親や先生に申し出る場合などに使います。辞書をみると確かに、「confess one's love」(愛を告白する)という言い方もあります。秘めた思いを伝えるのですから、恋のプロセスには必要なセリフです。

しかし、調べて行くと、恋人に思いを打ち明ける場合、英語では別の動詞の「declare」(宣言する)が実は一般的であることに気付きます。あらためて、何冊かの手近の英和辞典を見ると、「declare one's love」という言い方がきちんと掲載されています。日本社会では、「愛を宣言する」は一般的ではありませんが、英語圏では、相手への思いは、主体を持った人が「宣言する」ものなのでしょう。念のため、フランス語とドイツ語についても調べましたが、「愛とは宣言するもの」であるようです。

告白という言葉には、どこか「密室」の隠れた行為のような響きがあります。カトリック教会の懺悔室が典型です。第三者の耳に入れてはまずい場合に「告白」があるのです。かりに懺悔室で、信者が「人を殺した」と告白しても神父は警察に通報してはならぬという決まりがあると聞いたことがあります。

かたや「宣言」には、相手がどう思おうが、相手がどう反論しようが、それを覚悟で、「私は言うからね」という態度の表明がはっきりしているように感じます。第三者が知るところになっても良い、いや、むしろ第三者にも知らせたいという強い通告であり、意思表示です。戦争布告や平和宣言もdeclareが使われます。愛を「宣言する」行為には、潔さがあり、後に引けない覚悟がみえます。主体性と責任感がはっきりしているという点で「告白する」とは決定的に違っています。

「この人と結婚するか」

「告白」と「宣言」の違いは、結婚を、国や社会がどのように位置づけているかにも反映されています。日本の場合は、法制度に依拠せずに夫婦として暮らす「事実婚」を除いて、法制度としては「婚姻届」を役所に提出するだけで結婚したことになります。よく、「たった紙切れ一枚」の拘束力という言い方をします。しかし、この「一枚」で、法的な義務が発生し、税、医療保険、介護などの優遇措置に関係します。遺産相続の問題もありますし、配偶者が手術を受ける場合の同意の確認も違ってきます。こうした背景のもと、日本でもようやく、同性婚が認識されつつあり「結婚に相当する関係」を条例として認める地域が出て来ました。

日本では「紙切れ一枚」で済みますが、フランスでは結婚に際し、「出生証明書」「慣習証明書」「独身証明書」「居住証明書」「婚前診断書」「結婚立会人の身分証明書のコピー」など提出書類は分厚い資料の束となるそうです。「婚前診断書」とは、結婚する前に健康診断をし、二人の血液型のほか持病などの健康状態が記載された、医師の署名が入った健康診断書です。結婚後に、相手の病歴などを理由に離婚を申し立てることがないように、あるいは生まれてくる子どものためにも知っておくべき情報を記述するための書類です。
これ以上に、フランスでは日本の結婚と決定的に違う制度があります。先ほどの「宣言」とかかわります。

フランスに限らず、かつてキリスト教が支配していた国や地域では、一つずつの結婚が公示されます。つまり、結婚する二人は、どこの誰であり、「何月何日、二人は結婚する」と役所が一般市民相手に、役所の掲示板に公表するのです。双方の名前だけでなく婚姻日時などの結婚内容が役所の掲示板に、数日から二―三週間、掲示されます。地元の新聞が結婚告知欄を持っている場合もあります。訃報の知らせと同じ感覚なのかもしれません。今では、役所が公示をしますが、かつては教会の掲示板に結婚予定のカップルの名前が貼り出されていました。

なぜ、こんなことをするのか。日本では、結婚は「両性の合意」さえあれば、可能です。要するに、当人同士の問題です。

しかし、階層社会のヨーロッパでは、権力者や貴族、地元の有力者、金持ちなどが、「結婚」を利用して、富や地位、名誉、血筋を得ようとした歴史があります。ファミリーの存続が息子や娘の結婚にかかっていたのですね。他方で、キリスト教の考え方では、人間は「個人」の尊重を、少なくとも建前では、重要視します。つまり、カトリック教会においては「結婚」の価値は、神の恵みが受けられる重要な行為です。つまり、神聖であるべき結婚が、世俗の価値に踏みにじられてはならない、という考え方が根底にあります。

結婚を公示するということは、「その結婚はあってはならぬ」「不正なことが行われている。その結婚は取りやめにすべき」という異議申し立てを、教会が、本人や家族に代わって「聞こうではないか」との姿勢を表しているのです。

欧米の映画やドラマの、教会の結婚式のシーンで、これから結婚するカップルだけを祭壇に呼び寄せて、神父や牧師がひとりずつに対して、結婚の誓いをさせる場面をよく見かけます。いかにも形式化した儀式のような感じがありますが、これにも非常に重要な意味があります。結婚の誓いとは「宣言」です。祭壇の二人が神に誓います。その光景を参列した人が証人となって「宣言」もしくは「誓い」を見守るという構図になっています。

結婚の最後のステージです。神父や牧師の「あなたはこの男（女）と結婚するか」との問い掛けに、拒否する最後の機会が、与えられるわけです。本人の意に反した結婚を取りやめにできるわけです。だから、カップルは、親からも親類からも離れた、一段高いところで、「最後の誓い」が試されるのです。もしも、花嫁（花婿）が、「この結婚には反対だ」と言えば、教会側はその場で、異論を唱えた花嫁（花婿）を守る仕組みになっています。だから、二人をわざわざ、邪魔や妨害が入らないように、参列者から遠ざけたところで、「結婚の誓い」をさせ、最後の意志を確かめるのですね。キリスト教において、結婚とはファミリーでなく、本人の意志こそ、根幹になければならない、という考え方が鮮明に見えます。

もっとも、以上みてきたような、政略結婚を防止する機能はもはや形骸化しているかもしれません。しかし、教会の権威がなくなった今でも、ヨーロッパでは、自治体によっては、結婚（婚姻）式は役所の一室で行われ、カップルは役所の所長の面前で宣誓をするところが多いと聞きます。あらかじめ承認された立会人（新郎新婦それぞれから数人）がいなければならず、役所の所長、本人たちが書類にサインをし、婚姻が成立するそうです。日本の教会で行われる結婚式をみていると多くの場合、表面だけを模倣したイベントに見えます。

私は、「I love you」という言葉一つとっても、そこには、個我としての「私」が、別個の「あなた」に「宣言する」ことで意志を伝えることの責任や意味の深さをみる思いがします。私の高校時代の尾川正二先生はそのことを私たちに伝えたかったのだと思います。

一人称と二人称

このことは、日本語の「一人称」「二人称」の特性にも関係します。

皆さんは、自分のことを主語にするとき、どのような言葉を使っていますか。実はこの歳になるまで私には決定的な言葉がなく、話し言葉では、状況に応じて自然に変えています。相手に応じて、「わたし」「わたくし」「ぼく」「おれ」となります。おいやめいを相手にすると「おじさん」となります。言わなくても分かる場合は、言いません。

それでも書き言葉であれば、まだ簡単です。本書では、「私」を選んだので、本書で自分が主語になる場合は「私」です。本書のような体裁の本を書くとき、書き手が一人称をどうするかは、実は大きなテーマです。本書の場合には、「私」と「筆者」の二つの選択肢がありました。「筆者」では硬い感じがします。客観的な視点を保つにはよいかもしれません。しかし、読者と一線を画する覚悟のようなものがあります。ニュートラルな一人称としての「私」を選びました。男性の一人称として「ぼく（僕）」というのもありますが、私は、日常会話では使いますが、書き言葉として「ぼく」は使いません。先ほどの尾川先生は、原稿の中で「僕」を使うなと指導していました。もともと「しもべ」を意味する。そこまでへりくだる必要はないだろう、というわけです。

二人称は、どうでしょうか。日本語で一番、中立的な言葉は「あなた」だと教わります。しかし、これが本当に十分に流通しているかどうか、私は疑問に思っています。気心の知れた仲間なら、「おれ」に対応して「おまえ」が自然に出てきていると思います（この場合は、会話中ではほとんど意識していないと思います）。

日本の小説家も、一人称や二人称を多彩に書き分けます。一人称は、わたし、あたし、わたくし、あたいなど、二人称は、あんた、あなた、きみ、おまえなどです。残念ながら、外国語に翻訳される時に、微妙な差が消えてしまいます。今時のポップスでは、一人称や二人称はどうなっているのか、調べてみるとおもしろいと思います。

NHKアナウンサーの「あなた」

さて、日常生活では、一人称や二人称を省略することは全然珍しくありません。いえむしろ、日本語では、なるべく一人称も二人称も避ける努力がなされているように思います。英語で「I'll go to school」と言うべきところは、「学校に行くよ」「学校に行くわ」であって、「ぼく」も「わたし」も言いません。「ああ、疲れた」「お腹がすいた」には、主語となる一人称は不要です。一人称を付けるとかえっておかしくなる場合もあります。

日本語では、二人称も発達していません。年上の人や敬意を表さなければならない相手、目の前にいる初対面の人に「あなた」とはとても言えません。名前で「○○さん」、相手が弁護士や医師、教員なら「○○先生」も代用できますが、いずれも二人称ではありません。だから、インタビューがやりにくいのです。

ところが、ある日、テレビを見ていて、これは使える、と思ったことがあります。NHKのインタビュー番組で、標準的な日本語を話すことを期待されているアナウンサーが時の人を招いて、いろいろ訊ねることがありますが、そういう場で、アナウンサーは、「あなた」に替えて、「ご自身は」と言っているではありませんか。「ご自身は逃げまどわれたのですね」「その時、ご自身はどうお感じになりましたか」という使い方です。

便利なので、私も「ご自身は」を時々使います。

しかし、これも二人称ではありません。

日本語で、二人称が発達しなかったのは、「私」に対峙する「あなた」という状況への感受性が希薄だったからなのでしょうか。あるいは、話を共有している二人もしくは少人数の間、つまり世間あるいは「タテ社会」の中では、わざわざ、「私」も「あなた」も言う必要がなかったのかもしれません。二人しかいないのに、発話している人が「私」で聞いている方が「あなた」となるのですから、これを表に出す必要はありません。コミュニケーションは取れます。英語では、どこまでも、「I」がつきまとうので、日本語とは決定的に違った言語であると思います。同時に、英語を母語する人の自我と、日本語を使う人の自我とは異なっているかもしれません。

＃9の冒頭で、日本人は見知らぬ人に話しかけない、と言いましたが、実は日本語には、初めての人に話しかけるような言葉が極端に少ないのではないかと考えるようになりました。つまり、タテ社会の中で暮らしている限り、二人称は不要だったのではないか。さらに言うと、世間以外のよそ者とは会話をする機会も必要もなかったのかもしれません。

時々、「言った」というと、「え、それ私、言ってないよ」「いえいえ、私が言ったんですよ」と一人称か、二人称かが分からなくなる場合があり、「言った」のは誰かを確認することがあります。

このように、一人称も二人称もはっきりさせない、ということは、人間関係の根幹の部分で、当事者たちがもたれあっている状態を表しているように感じます。「私」と「あなた」が希薄な世間では、行為をする人の責任の所在があいまいになることを意味します。

もしかして、日本語で会話をしていると、自我は共同体の中に埋没してしまって、極端に言うと「あなた」と「私」が渾然一体となって、世間や「ムラ社会」に溶け込んでしまうのでしょうか。

コラム⑪ 「先生」と呼ばないで

学校や大学では教員同士が、「先生」と呼び合うことが多い。弁護士や医師、政治家の世界も同じだ。私はずっと会社人間だったので、教員の世界に入って、同僚の教職員に「先生」と呼ばれることに抵抗があった。

親しい同僚には、「すみませんが、先生と呼び合うのをやめませんか」と提案することにしている。「さん」で呼んでもらい、私も「さん」で呼ぶ。多くの人が賛同してくれる。

確かに「先生」と呼ぶのは便利だ。相手の名前が分からない場合や忘れた場合、不自然さがない。しかし、自分の師匠でもない人を「先生」と呼ぶことをためらってしまう。

学生や生徒が私のことを「先生」と呼ぶことは自然だ。「さん」で呼ばれるとかえって変な感じがする。しかし、これも「慣れ」の問題かもしれない。

私が、学生以外から「先生」と呼ばれるのを「ちょっと」と思うのは、誰かが相手を「先生」と呼んだ瞬間に、当事者間の上下関係が決まってしまう点にある。「先生、そのクッ取って」と言えまい。

ＮＨＫのインタビューを見ていると、相手が、医師や弁護士、大学教員の場合でも「さん」付けで呼んでいる。おそらく、それがＮＨＫのルールなのだろう。相手が誰であれ、不必要におもねらないという方針が見える。

レストランや居酒屋で、お互い「センセ」と呼び合っているグループを見かける。「医者にしては、緊張感がないな」「弁護士か。いや、服装からして違うな」「医者や弁護士ならもっと高い店に行くだろう」「句会の人たちかな」「政治家か。区議か市議か」とあれこれ想像するのはおもしろい。

私が、気心の知れた同僚に「さん」付けで行きましょう、と提案するのは、安い居酒屋でもどこでも、他の人に詮索されない状況で、気軽にアホ話ができる自由を好むだけなのかもしれない。「先生」という敬称には「先生」と呼ばれていい気になる人をからう意味合いもある。「先生と呼ばれるほどバカでなし」という川柳を思い出す。

#12 概念が上滑りする

イタリア南部やスペインの「シエスタ」という昼食後の長めの休憩の風習は、日本にいるとなかなか理解できません。「暑いからといって昼寝をする風習か。何とお気楽な」と皮肉めいた言い方を聞くことがあります。

しかし、実際は、夏の暑い時期にそのような土地を訪れないと「シエスタ」は身にしみてわからないでしょう。私は八月に、イタリアのシチリア島を旅行したことがありますが、多くの店は「シエスタ」で午後の二―三時間は休みでした。よほど目的がない限り、あの強烈な日射しの中を歩くことは、旅行者であっても避けるのが良いです。仕事にもなりません。訪れないと分かりません。私がシチリアを訪れるまでは、シエスタとは頭の中だけにあった概念にすぎなかったのです。

東京タワーを作るには

「暑さ、寒さも彼岸まで」という言葉があります。「暑さ」も「寒さ」も、私たちの身体や感覚に関わる「暑い」「寒い」という言葉（形容詞）が最初にあって、そこから抽象化された言葉です。

例えば、「きょうは暑いねえ」「外は寒いから出たくない」と言うときに「暑い」「寒い」は肌で感じる身体性をもった言葉です。しかし、「この暑さ、いつまで続くのかな」「北国の寒さを思うと、ここがいい」という時の「暑さ」「寒さ」は頭の中にある抽象的な概念です。「暑い」が「暑さ」に、「寒い」が「寒さ」に変化しました。言葉が作られた過程を考えると、「暑い→暑さ」「寒い→寒さ」であって、矢印は決して逆の向きにはなりません。

「強い」と「強さ」、「白い」と「白さ」の関係も同じです。つまり、まず「暑い」「寒い」「強い」「白い」があって、それぞれを抽象化した言葉（名詞）ができたと考えられます。仮にここで「暑い」「白い」を具象語とよび、「暑さ」や「白さ」などを抽象語と呼ぶことにしましょう。そうすると、ある現象を表す抽象語は、もとの具象語の変形です。まず自分の身体に関与する体感的な、つまり具体的な言葉があって、それらが抽象的な言葉になるというのが日本語の発展の道筋と言って良いと思います。

私たちは言葉を使って考えます。言葉を使って考え、新しい考えに出会い、そこでまた次の言葉を考えます。言葉を磨くことは、思考を磨くことです。言葉と考え（思考）とがお互いを助け合いながら、時には鍛えあいながら、さらに高度な考え、つまり具象から抽象へ導かれます。私たち一人一人が「賢く」なるプロセスのひとつは、「具象から抽象へ」にありそうです。

東京タワーは一つずつの鉄骨が積み上げられ上へ上へと完成を目指して作られました。誰の手でも触れられるような鉄骨やボルトとナットなどの組み合わせが、三〇〇メートルもの塔に変わるのは、まさしく、具象から抽象に至る学びのプロセスを具現しています。

こんな例はいかがでしょうか。「1＋1＝2」というはっきりとした、動かし難い基本的な約束事を挙げてみましょう。一つのリンゴ、一つのバナナが例示されます。つまり、最初は具体です。やがて、これが二桁の足し算になります。さらに、かけ算の九九を教わり、割り算を学びますが、九九は「1＋1＝2」の足し算に比べれば、抽象的です。中学生になると、足し算やかけ算が入った二次方程式が出てきて、高校生になれば微分積分が出てきます。具象から抽象にいたる典型を数学に見ます。浸透圧、ほ乳類、放物線などの科学用語も具象から抽象の結果です。

手で触れる具体的なものを抽象化することのメリットは絶大です。

親が死んで、親の持ち物やお金や土地を受け継ぐことを相続と言います。「相続」という抽象語がないと、この現象を誰かに伝えることはなかなか難しいです。足の病気で、親指が内側に変形することを「外反母趾」と言いますが、この言葉を知っているかどうかで、医師とのやりとりが効率において違ってきます。

リンゴやバナナを数えていた人間は、算数や数学を手にすることで、土地測量や金銭取引、航海や暦の計算、教会や宮殿を建設する技術を身につけました。人工衛星の軌道の計算や刻々変化する金融計算にも使われます。さらに、自然現象の法則性を解明するため、用いられます。その結果、人類が相手にする世界は広がり続けました。物事を抽象化することで、人類は時空を越えて活躍することができるようになったわけです。こうして、具体物を基礎に高度な文明が作られます。

日本語の抽象語が加担する

日本語に話を戻しましょう。リンゴやバナナは具体的です。コップやお皿、机も同じです。しかし、あらゆる言葉が具体的なものを指すかといったらそうではありません。摂氏二五度とか、氷点下五度なら、世界中で共有できますが、私が言う「寒さ」や「暑さ」は、他の人が思う「寒さ」や「暑さ」とは異なっているかもしれません。一度でもシエスタを経験した人と、まったく経験のない人とでは、「シエスタ」に対する捉え方が異なるのと同じです。

私たちは小学校の一年生から書き言葉を学びます。ひらがなやカタカナの後に漢字を学習します。漢字の「一」や「二」は具体的ですが、「百」や「千」になると抽象する力が必要になります。植物や動物、食料などのように具体物をイメージさせるものがある一方で、学年が上がるにつれて、「進歩」「自由」「文化」「社会」「民主主義」など抽象の度合いの高いものが出て来ます。

ここで問題が起きます。抽象語が示すものが、人によって微妙に違ってくるのです。「日本語はあいまいだ」「日本人の言っていることはあいまいだ」と感じる原因は、私たちが使っている抽象語が人によって異なっていることにありそうです。

「暑さ」「寒さ」程度の抽象語（頭の中で考えたこと）から元の具象語（身体性）にさかのぼることなら、まだ簡単にできそうです。

しかし、進歩や自由、文化、社会と言う言葉は、元の言葉にたどり着くことは簡単ではありません。日本語の漢語、そして最近の外来語（主としてカタカナ語）は、具体的な事象を思い描くことができないまま、言葉が流通しているために、混乱が生じます。無理もありません、AさんとBさんが言っている意味が違っているのですから。

このように考えると、どうやら、日本語の抽象語が、「あいまいな日本語」に加担している可能性があります。

ドイツ語の身体性

私が大学一年のときに、ドイツ語の授業で先生が、こんなことを言いました。「ドイツ語は、構造がきちんとしているから論理的だと言われる。確かに。しかし、ドイツ語が優れているのは名詞の作られ方だ。身体感覚から抽象語が作られる」。そう話して、例をあげました。

ドイツ語で「概念」は「Begriff（ベグリフ）」です。これは、動詞の begreifen（ベグライフェン）から来ています。意味は「理解する」「考えつく」ですが「つかむ」「手で触れる」という意味があります。動詞の begreifen は、日常でもよく使われる単語です。どうでしょうか、日本語の「概念」とはずいぶん言葉の持つ重さや日常生活における溶け込み具合が違うように思います。ドイツ語では、具体から抽象への原則が生きていますね。「暑い」が「暑さ」になるようなものです。

では、「概念」という言葉を、日本の子供たちはどうやって学んだのでしょうか。私には思い出せませんが、国語の時間に評論文か小説を読んだ時に、その中に入っていたのかもしれません。そして、辞書で調べたかもしれません。試しに今、手近の『広辞苑』（第五版。岩波書店）で調べてみると「事物の本質をとらえる思考の形式。事物の本質的な特徴とそれらの連関が概念の内容（内包）。概念は同一本質をもつ一定範囲の事物（外延）に適用されるから一般性をもつ」とあります。直ちに理解できません。

小型の国語辞典では「ある名前で呼ばれるものに共通する、だいたいの特徴」（三省堂『国語辞典』第七版）と記載されています。こちらの方が分かりやすいです。しかし、日本語の「概念」は、ドイツ語のように、身体性を持った動詞と結びついていません。脈絡がないまま、いきなり、日本語の世界に放り込まれたような感じがあります。

ちなみに、英語ではconceptが日本語の「概念」に相当し、こちらは動詞のconceive（考える。想像する。思いつく）から来ているようです。ドイツ語と同じプロセスを経て、具象語（動詞）から抽象語（名詞）になっていることがわかります。

日本語の欠陥か

「概念」を日本語で言い表すことは難しい。そうだとすれば、私たち一人一人は、きちんとこの単語の意味を厳密に押さえないまま、雰囲気で使っていると言えませんか。意味を知っていたとしても、AさんとBさんとでは、意味するものが違っている可能性は高いでしょう。だから、AさんとBさんが話すとあいまいなやりとりになります。

抽象語が散りばめられた日本語の文章を、やっかいなもの、難しいものと私たちが感じるのは、この「具象」と「抽象」の交通が頭の中でうまくできていないからではないでしょうか。

私たちが使う抽象語が、借り物でなく、自分たちで時間をかけて作ったものならば、おそらく難しい哲学や人文社会科学の論文ももっとやさしい表現で語られるはずです（余談になりますが、カントの代表作である『純粋理性批判』。日本語の題だと、これからこの本を手に取ろうとする人を威圧する雰囲気があります。英語では《Critique of Pure Reason》として知られています。「ピュアーな理性についての評論」。英語だと、日本語のタイトルよりは親近感を持ちます）。

残念なことに、日本語の抽象名詞の大半は（カタカナ語も含めて）具体的なイメージ（具象）から切り離されているようです。抽象語が目に入ったときに、具象が直結していない場合、あれこれ考えなければならないことをやっかいだと感じてはいませんか。そこで、つい、抽象語を「何となく分かったことにして」読み進めたり、話を続けたりするかもしれません。

もしかして、これは日本語の欠陥なのではないか、と思いたくなります。「概念」は明治時代に西周《にしあまね》が「Begriff」の訳語としたことが分かっています（三省堂『五十音引き漢和辞典』第二版）。西周は、一八〇〇年代後半に、「理性」「技術」「意識」「心理学」「帰納」「科学」などの日本語を作った人として知られています。日本の近代化の過程で、西欧の文物を取り込むことにおいて、彼の残した功績は偉大だと思います。しかし、欲を言えば、もっと分かりやすい日本語にできなかったかと私は思うのです。つまり、具象語が想起できるような日本語にできなかったのだろうかと。

マラソンとハロウィーン

前述の『言語学者が語る漢字文明論』（田中克彦著）のなかに、「漢字の利点は、（中略）字をおぼえれば、それが直接概念にむすびつく」という文言を発見しました。田中氏は「そのことから、日本人は、ことばを直接分析することはまれで、字の分析にたより、そこでおわり、さらに前へ進む力という点では弱い」（『言語学者が語る漢字文明論』p.265）と続けます。これは、日本語を読んで生活をする日本人に対しては厳しい指摘だと思います。

確かに、私たちは、少なくとも私は、文書を読んでいて抽象語をみると、何となく分かった気がして、読み進めてしまいます。知っている漢字を含んだ漢語なら、なまじっか意味が類推できるのでいちいちこだわらないのですね。そうすると、全体としては「あいまいな」理解のまま、文書や本を読んだことになります。そして、私が受け取った内容は、別の人が受け取った内容と異なるのですね。

シエスタについて話をする時は、相手がシエスタを経験しているかどうかについて知らないと、ボタンの掛け違えのようになって、きちんとした話ができないかもしれません。

先日、授業中に話がそれて、陸上競技のマラソンの話になりました。学生は、マラソンの由来に関心がないのか、なぜ、四二・一九五キロメートルを走るのか知らない人が多いです。そこで、私は、古戦場となったマラトンとアテナイの距離や、悲劇の飛脚兵士の伝説を話しました。

授業が終わったあと、一人の学生がやってきてこう言うではありませんか。「先生、マラソンの意味、知らなかった。実は今度の日曜日、市民マラソンに出場するのですが、マラソンの話を聞いて、一気に身近になりました。気合いが入ります」。この学生が、マラトン平野を疾走した悲劇の兵士を想像しながら、つらさを克服してくれたらと思ったものです。

おそらく、日本版の「クリスマス」や「バレンタインデー」「ハロウィーン」にも同様の現象が見られるのではないでしょうか。概念が上滑りしたまま、適当に受容されてしまうのです。

コラム⑫ 中国で使われる和製漢語

中国語の中には、日本で作られた漢語（和製漢語）が多く存在する。「意識」「運動」「階級」「共産主義」「共和」「失恋」「進化」「唯物論」はいずれも日本で作られ、中国でも使われる。中国にしてみれば、日本発の外来語である。

アヘン戦争（一八四〇—四二年）で清朝が敗れるや、中国は列強の侵略の対象となり、植民地化の様相が進んだ。幕末から明治維新にかけて、日本が近代化を急いだ一つの理由として、隣国の二の舞になってはいけないという地政学的な危機感があった。

日本政府は、猛スピードで西欧列強に肩を並べる国造りに賭けた。それには先進国の言語である英語やドイツ語、フランス語からたくさんの言葉を翻訳して知識を吸収するしかない。それまで日本にない概念を漢字に置き換えて言葉を新しく作る必要に迫られた。こうして「科学」「哲学」「社会」「個人」「経済」「思想」「人格」「共産主義」など多数の言葉が生まれた。

中国は日本の近代化に学ぼうと、日清・日露戦争前後に日本への留学がブームになった。一時期は年間二万人が日本に滞在したという。日本にやって来た留学生が日本語の書物を翻訳した。こうして、和製の漢語が中国語に取り入れられた。

もしも明治期に、西欧の文献を日本語に置き換える段階で、例えば、民主主義を「デモクラシー」とするように、カタカナ語で表記していたらどうなっていただろうか。日本のその後の近代化は違ったものになったのだろうか。そして、中国への影響もまた違ったものになったのだろうか。

ところで、「中華人民共和国」という国の名前のうち、「人民」と「共和国」は和製漢語であるらしい。「国の名前に外来語を使ってよいのか」と言うなかれ。「ジャパン」は日本人の知らないところで作られた言葉ではなかったか。

《第4部》 地球市民の時代に

#13 知られていない日本

日本人の多くは、自国を小さな国と考えています。米国や中国、ロシアなど、大きな面積の国と比較すると、確かに、日本は小さく見えてしまいます。しかし、主要工業国のＧ７の中では、ドイツと同じくらいで、英国やイタリアよりも大きいです。排他的経済水域でみると、世界で六番目か七番目の広い国です。人口でみると、一億二〇〇〇万人の人口は世界で一〇番目か一一番目になるようです。

何よりも、ＧＤＰでみると、米国、中国についで三番目の経済大国です。日本は、決して小さな国ではありません。むしろ大きな国と言う方が適切です。

だから、日本は目立ちます。しかし、その大きな国の割には、日本の等身大の姿が世界にはあまり知られていないようなのです。

近年、外国人観光客が急増しています。二〇一七年は年間で二八〇〇万人を突破しました。

観光庁は、東京オリンピック・パラリンピックが開催される二〇二〇年には、四〇〇〇万人の訪日客を期待しています。

他方で、日本から学ぼうとする国も増えてきました。日本は、少子高齢社会が引き起こす、どの国も解決したことのない課題をたくさん抱えているからです。この「課題先進国」からヒントを探そうと、日本に注目が集まります。

日本の有名人を挙げて下さい

「日本人と聞いて、思い浮かべる名前は何ですか」

ハーバード大学の招きで、現役の記者のためのプログラムに一年間、参加したことがあります。一二カ国から選ばれた二五人のジャーナリスト（内一二人は米国人）が家族同伴で集まり、お互いの国やジャーナリズムについて学び合いました。一九九五―九六年のことです。一九九五年は、阪神・淡路大震災や地下鉄サリン事件が起きた年だったので、時々、「日本について話をしませんか」と講演やセミナーにも招かれました。そういう場で、集まった人々に私が訊ねたのが、冒頭の質問です。

「ヒデオ・ノモ」。当時、ロサンゼルス・ドジャーズで華々しく活躍した野茂英雄投手の名前がすぐ挙がりました。しかし、次の名前がなかなか出ません。トヨタ、ホンダやスズキなどの名前は割とすぐ出てきます。「それは会社名です。人の名前で?」と訊ねると、しばらく沈黙が続き、「ヒロヒト」とエンペラー（天皇）の名を口にする人は割と多かったです。英語の報道では、Emperor Hirohito と書く習わしがあり、ヒロヒトの名前はよく知られていました。クリントン大統領政権の時代です。毎年のように日本の首相が交代していたせいか、日本の政治リーダーの名前を正しく言える人はほとんどいませんでした。

そのころ、「ワシントンポスト」紙の東京支局長だったトム・リード氏が「全米の平均的な都市で、アンケートを取ると、著名な日本の名前トップ3は、『ヨーコ・オノ』『ゴジラ』『ブルース・リー』になる」と執筆したユーモアタッチの記事がありました。私はこの記事をよく引用しました。

三つとも間違いです。ジョン・レノン夫人のヨーコ・オノは日本生まれですが、米国の市民権を持つ米国人。カンフー映画『燃えよドラゴン』のブルース・リーを日本人と思っている米国人は多かったですが、香港出身です。ゴジラに至っては、人間ではないし、「ストーリー上は、マーシャル諸島の出身ですから日本の出身ではない」という落ちをつけて、笑いを誘うのが私の作戦でした。

リード氏の記事の主張は、「米国人は日本のことをよく知らない」と訴える点にありました。阪神・淡路大震災や地下鉄サリン事件以外に、日米貿易不均衡で日本のことがよく取り沙汰されていました。それなのに、その割に「日本の顔」がないという論調でもありました。

そのころ、「日本は市場をもっと開放せよ」「日本は米国製自動車を買え」と言われ、自動車や自動車部品の対日輸出促進の問題が、日米関係を論じる時の焦点となっていました。

ところが、おかしなことに、道路交通の左側通行（日本）と右側通行（米国）の違いについて知っている米国人はあまりいないのです。私もこの点をいつも指摘しました。「日本が英国と同じだとは知らなかった」と驚かれたものです。こちらが驚きます。米国人のほとんどは、自分たちと「血筋」の近い英国の交通システム（日本と同じ右ハンドル）が自国と違っていることは知っています。しかし、日本は何となく米国と同じだと思っている人が多いのですね。ごく普通の米国人は日本に特に興味がないようです。

「過労死」「残業」「単身赴任」

今では世界の多くの都市で、すしレストランを見かけます。また、アニメやマンガは世界中に広がりを見せています。

とはいえ、日本が大国である割には、海外、特に西欧諸国では日本のことが知られているわけではありません。村上春樹の作品が世界的に人気があると言われますが、一般の人の間でよく知られているとは思えません。文学ファンに限られるでしょう。日本人が、韓国やアルゼンチンの有力な現役作家の名前を知らないのと同じです。

　また、米国にいて日本映画の話になると、今なお、伊丹十三監督の、ラーメン店を建て直すコメディー『タンポポ』（一九八五年）や国税局の女性査察官を描いた『マルサの女』（一九八七年）が挙がりますが、後が続きません。アニメファンからは、「ハヤオ・ミヤザキ」の名前が挙げられます。とはいえ、大人が観るアニメというジャンルが広がりを見せていないせいか、誰もが知っている、という状態ではありません。

　日本のことを、やや意地悪な角度から取り上げる報道は割と知られています。「捕鯨問題」「会社人間の過労死」「妊娠中絶と水子地蔵」「地下鉄の痴漢」「アフターファイブの飲み会」「単身赴任」「サラリーマンと英会話学校」などがニュースとしては定番でした。日本にいる各国の東京特派員がよく取り上げます。「ハイテク国の、ちょっと変わった人たち」というステレオタイプ化が見られます。最近では、「高齢者の孤独死」や「放置された空き屋」「子供の貧困」など、日本がマイナスの意味で先を行っている社会問題の報道が増えました。

　このような報道から学ぶものは多いし、自国や自己のことを振り返るきっかけになります。しかし、もっと他に日本発のニュースもあるだろうにと思います。

　実は、日本はこれまで、自国の実情や良さを積極的に知らせる努力をしてきませんでした。日本では、「べらべらしゃべるのはみっともない」「不言実行が奥ゆかしくてよい」と、自己主張しないことが美風として教えられてきたので、ＰＲが下手でした。今もなお、私たちはほとんど自分のことを話すことに慣れていません。自己紹介の仕方を習ったことがある人はほとんどいないのではないでしょうか。#9で見たように、世間で暮らす限り、自己紹介は重要でないからでしょうか。

日本が、モノ作り大国として世界に知られた時も、「良い品物であれば、黙っていても売れる」という風に思っていた企業は多かったと思います。「質が高ければ、PRしなくても、客は向こうからやって来る」という考え方が支配的だったかもしれません。

ジャポニスムと回転ずし

近代史を振り返ると、日本文化が西欧で流行した時期があります。日本の幕末から明治期に、外交官や愛好者らによって、日本の情報とともに、浮世絵や陶磁器などの美術工芸品や写真が次々に欧州や米国に渡っていったのです。ゴッホやゴーギャンに刺激を与え、新しい芸術が生まれました。フランス語で「ジャポニスム」と呼ばれる現象になりました。

当時の西欧の人々にとって日本のイメージは、国立西洋美術館の馬渕明子館長によると、「遠い未知の、か弱いが魅力に富んだ発展途上国」でした（『舞台の上のジャポニスム』p. 263）。浮世絵や着物から、大胆な色使いや斬新なデザイン、繊細な細工などの魅力を発見し、異国への憧れと関心が人々を捉えたのでしょう。ジャポニスム（日本文化を応用した西欧文化）は無視できない運動となりました。当時の日本政府も、パリやウィーンの万国博覧会に参加し、ジャポニスム運動を後押ししました。

しかし、ジャポニスムで描かれる女性の着物姿は誇張があり、日本の実像を写実的に再現しているわけではありません。描かれている人物画は圧倒的に「ゲイシャ」が多いです。ジャポニスムの絵画をみていると、日本の女性はまるでゲイシャにしか描かれないようです。これに「サムライ」「フジヤマ」が彩りを添えます。ゲイシャもサムライも八頭身で描かれる「異国趣味」の世界を表します。

一般に、ある文物が他国に伝わるときには受け入れる側の趣味が加わりますが、ジャポニスムはその典型です。

類似例が今も見られます。北米や欧州において、すしやラーメンなどの日本食は独特の「進化」を遂げています。例えば、欧州で人気の回転ずしチェーンとして、「ヨー！スーシ」「ワサビ」「イツ」「ワガママ」があります。これらは英国資本だそうですが、賑わいを見せているようです。

しかし、このような店で出される食事は「日本」からはかけ離れていることがままあります。日本人からすれば、味も見た目もかなり大ざっぱです。「こんな店、日本ではあり得ない」と感じる日本人がいても不思議ではありません。しかし、現地の消費者には十分受けているのです。いくつものチェーンが現地資本で成り立っており、店舗数も増える一方です。現地の人がいう「日本食」の人気の高さを物語っています。

ジャポニスムといい、世界各地でみかける日本食といい、もしかしたら、日本人は自分たちの文化のありようや価値を誤解しているのかもしれません。世界からの期待を誤認しているおそれもあります。また、「日本の作法で」「日本ではこうだ」などにこだわりすぎているかもしれません。

企業で、海外進出がうまく行かない場合、日本の勝手な思い込みが原因にあるかもしれません。「自分のどこが受けているのか」「どこが受け入れられていないのか」を冷静に分析する必要がありそうです。このことは、日本各地で、「これからは観光産業で、外国人旅行者を誘致しよう」という時の参考になると思います。

外に目が向いていない

二〇一七年九月、小池百合子東京都知事が、「希望の党」を立ち上げました。総選挙直前の、鳴り物入りの結党でしたので、大きなニュースになりました。しかし、海外メディアや共同通信社のように英語で発信するメディアは、ちょっとした苦労をすることになりました。「希望の党」の英語名が分からないのです。

さっそうと記者会見に登場した小池氏。新党のロゴマークを発表したのは良いのですが、「希望の党」の英語名がありません。もしも、皆さんが英語で報道する記者だったら、どうしますか？　固有名詞なので、勝手に作ることはできません。結局、数日後に、正式な英語名を The Party of Hope と公表しました。正式名称が決まるまで、メディア各社はそれぞれ、Kibo no To とまず書いて、意味を英語で説明するために party of hope と記載していたようです。

小池氏の新党は、政権与党に大きな打撃をあたえる可能性を秘めていたものの、党幹部は海外メディアがどう報じるかには関心が無かったのでしょうか。外に目が向いていませんでした。もちろん選挙に間に合わせて作った新党でしたから、海外のことを考える必要はないことは分かります。しかし、日本には英語でしかニュースに触れることのできない外国人も多いし、少なくとも外国人投資家は総選挙の行方を見つめていました。

今さら遅いですが、都知事は、効果的に海外メディアを巻き込み、外圧によって国内の有権者に影響を与えることだってできたかもしれません。

子供の名前と社会性

新しい組織や団体に名前を付けることに苦労するのは、何も野心を持った政治家だけではありません。多くの人が子供を持つときに同じ状態になります。

仕事がら、私は若い人の名前を読んだり、記録することが多いですが、名前はやっかいです。今時の学生の名前は、男子も女子も、うまく読めないことが多いです。

名前を付ける親は、いちずな夢や願いを子供に託していることがよく分かります。日本語は造語することに寛容な言語なので、子供の名前を付けるとなると、親御さんが張り切るのも仕方ありません。

男子の名前で「陽翔」「晴翔」「遥斗」「悠人」「大翔」「遙音」は今、人気のある名前です。いずれも「はると」と発音するのだそうです。女子の名前の「結菜」は「ゆいな」と読んだり、「ゆな」と読んだりします。「咲良」は「さくら」だったり「さら」だったりします。簡単に読めませんし、推測は必ずしも通用しません。

スポーツ記者が、サッカー選手の名前に泣かされるとして、次のような例を挙げていました。翔悠春（ひゅうが）、嵐孔（らるく）、汰栄（だびで）。「主義」と書いて「いずむ」と読む選手もいたそうです（「サンケイスポーツ」二〇一七年一月五日の記事。浅井武記者）。

このような名前（平成時代のキラキラネームと呼ばれる）を見ると、ひたすら家庭を中心とする個人的な姿勢が濃厚であるように感じます。親の好みでかわいい名をつけ、自分たちだけでムードに浸っているようにも見えます。

このような名前をもらった子供は、一生のうちで、一体何百回、自分の名前を解説しなければならないのかと思うと、余計なお世話ですが、気の毒になります。もちろん名前は個人のものです。しかし、社会性を帯びます。名前は、自分以外の人との関係で、「呼ぶ」「呼ばれる」際に、最初に来る記号の機能を備えているからです。

新聞社や通信社の記者は、事件や事故現場から、電話で情報をデスクに伝えるとき、字解(文字の解説)をするのですが、難読の名前には泣かされます。実際、災害や救急医療の現場でも、読み方がうまく確認できないために、ほんのわずかでも手間取り、その分対応が遅れると聞いたことがあります。

ハリウッド俳優も大統領も

日本人の名前(ファーストネーム)の特徴は、親が作り出すことができる点にありますが、自分以外は読めない場合があることを知っておく必要があると感じます。

これに対して、自ら芸名を選んで、成功を目指すハリウッドの映画スターの名前はたいていありふれた名前です。皆さんも男優や女優の名前を思い浮かべてください。

男なら、トム、ロバート、ハリソン、ジョナサン、デビッド、ジム、チャールズなど。女なら、メアリー、アン、アリス、エリザベス、キャシー、レイチェル、ケイトなど、皆さんもすぐにこれらの名前のついた俳優を思い浮かべることができるのではないでしょうか。いずれも極めてありふれた名前です。名前は「記号」のようなものなのですね。実際、今挙げた名前はすべて、私の米国留学時代のクラスメートの名前でもあります。

オバマ大統領の「バラク」は珍しいかもしれませんが、歴代大統領の名前は、ドナルド（トランプ）、ジョージ（ブッシュ。父も息子も）、ビル（クリントン）、ロナルド（レーガン）、ジミー（カーター）、リチャード（ニクソン）、ジョン（ケネディ）など思いつくだけでも、本当によくある名前です。

フランス語圏やスペイン語圏でも同様に、名前は誰でも読めるものを付けるのが一般的です。開かれていると感じます。

日本人の名前で、他人が「にわかには読めない名前」を見ると、あらかじめ、広い世界を意識しないのかな、と思います。もちろん、皆が皆、読みにくい名前をあえて採用しているわけではないので、一概には言えませんが、子供の名前の付け方をみると、これは日本人の内向きの傾向を示す一つの例のように思ってしまいます。

「狭いながらも楽しい我が家」などと

日本が大国の割に知られていないのは、自分たちのことを知らせようとする思いが弱かったからかもしれません。日本の内向き指向について、「狭いながらも楽しい我が家」という言い方は私が子供のころからありました。最近では、世界標準から離れて独自に進化する「ガラパゴス」現象が指摘されますが、根底は同じだと思います。

自分や家族にだけ向かう現象です。もうひとつ顕著なのは、景観保護指定のない地域や地区で、街並みを考えないまま、個人が勝手なデザインで小さな住宅や商業ビルを作ることです。地域の景観という考え方がなかなか定着しません。

「楽しい我が家」「ガラパゴス」の考え方で、戦後日本は走ってきたように思います。世界中で荒稼ぎした企業戦士の安住の地が「ガラパゴス」であり、「狭いながらも楽しい我が家」だったのかなと思ったりします。

子供に名前を付けるぐらい好きにさせてほしいと親が願う、また、地域との調和を考慮せず、思い思いのデザインで小さな家を作る。どちらも理解できますが、今後もこのような内向きのままやっていけるのだろうかと思います。

インスタグラムなどソーシャルネットワーク上で、仲間から「いいね」を集めたがる傾向もどこかで通じていそうです。

流行語に敏感であることを誇る性癖も同じです。日本にいると、流行語を理解しないために、「遅れた人」とやや見下す風潮を感じることがあります。

学生との会話の中で、私自身、流行語や若者言葉が分からないために、遊び半分でも、からかわれることがあります。そうすると、自分が外国人になったような気分になるものです。

そこから推測できることは、おそらく、いろんな局面で、日本で暮らす外国人だけが感じ取る「よそよそしさ」がこの国には多々あるのだろうな、ということです。もちろん外国人が滞在先でよそよそしさを感じるのは避けられないことです。外国で暮らすということはそういうことだからです。しかし、程度の問題として、日本は外国人、特に途上国から来た人にはちょっと冷たいかなと感じます。

コラム⑬「カズオ・イシグロ」と「イシグロ・カズオ」

ノーベル文学賞のカズオ・イシグロは、長崎の生まれだが、英国人だ。だから、日本語のメディアが彼について報道するときは、名が先で、姓が後になる。「カズオ・イシグロ」が正しい。「イシグロ・カズオ」と書かない。米国籍のヨーコ・オノと同じ。西欧メディアは、「Donald Trump」と書くように、安倍晋三を「Shinzo Abe」とローマ字表記する。テニスの錦織圭は「Kei Nishikori」となる。

一方で、ニューヨーク生まれの宇多田ヒカルは、自分のCDや公式ウェブサイトで自分の名前を「Utada Hikaru」とローマ字表記としている。つまり、日本式に姓名の順番で表記している。

日本人の名前をローマ字で書くときに「名が先、姓が後」としたのは、明治政府が欧米列強への仲間入りを目指したためだ。鹿鳴館が建てられ、欧米の風俗を模倣することが奨励された時代に、氏名を欧米風にするのがちょっと「ハイカラ」だったのだ。

今なお、苗字と名前をひっくり返す習慣が日本人の間で残っているのは、ハイカラ気分の名残りがあるのだろうか。簡単に、西欧の雰囲気を身にまとうことができる。

日本メディアの英語による報道では、日本人の名前の表記について、明治維新以後のものについて「名前が先、苗字が後」というルールを持っている。ただし、歌舞伎、能、落語、文楽などの伝統芸能の世界の演者はこの限りではない（『英文記者ハンドブック』）。

私の記者時代、英語で発信する部署にいた時、画家の東山魁夷が亡くなった。隣の席の同僚は、ルールに従って、ローマ字で「カイイ・ヒガシヤマ」としたが、同じ記事の中で「ヒガシヤマ・カイイ・ミュージアム」と報じた。また、江戸川乱歩を「ランポ・エドガワ」としたのでは、この作家がエドガー・アラン・ポーに私淑した意味がなくなる。

最近は、宇多田ヒカルのように「姓・名」派の人が増えてきた。国語審議会も、ローマ字書きの場合「姓を先」を推奨している。日本についての研究者の間では、以前から、姓を先にするやり方が定着している。夏目漱石のローマ字書きは「ナツメ・ソウセキ」とするのが一般的だ。

ところで、たいていの場合、中国や韓国の人名は、母国語でも英語でも「姓名」の順は同じだ。

今後、日本では、「姓が先、名が後」の方式に傾いていくのだろうか。とはいえ、「名が先」もすでに定着している。岡本太郎や小澤征爾のような世界的な巨匠には、「Taro Okamoto」「Seiji Ozawa」を冠した美術館や記念ホール、イベントが多い。簡単に変更できないだろう。氏名表記の問題は、他の国の人に言われる問題ではない。あなたは、どうします？

#14 少し自己主張しませんか

地球市民として生きていくには、自分たちとは異なる背景をもつ国や地域の人々と会話や対話をしながら、お互いのことを理解しあうことが必要です。

相互理解はコミュニケーションからしか生まれません。相手の言うことに耳を傾けることは大事ですが、相手の主張ばかりを取り入れていたら自分が無くなってしまいます。

相手を理解した上で、こちらの譲れない部分はきちんと主張し相手に理解を求める努力をし続けるという姿勢が大切です。

このことは何も異文化間のコミュニケーションだけでなく、日常生活でも同じことが言えるのではないでしょうか。

質問するのは「世のため、人のため」

レストランや新幹線の車両で、冷房が強すぎると感じることがあります。その時に、係の人や車掌に「冷房が強いのですが」と言ってみることが必要かもしれません。「寒い」「暑い」は人によって感じる程度の差があることを承知の上で、それでも空調が効きすぎると感じるなら、「寒い」と言うのがよいのではないでしょうか。

私の経験では、担当の人がエアコンを操作してくれることがほとんどです。おそらくは、店の人を含めて、本当は「空調が効きすぎている」と思いながら、「誰かが言い出すのを待とう」「ま、自分ががまんすれば、いいか」ということが多いのではないかと思います。

「ちょっと寒いのですが」と言ってみることは少し勇気のいることかもしれませんが、このような自己主張をしてみてはどうでしょうか。なぜなら、レストランや新幹線で寒い（つらい）思いをし続ける人は他にも大勢いるかもしれません。自分が言えば、多くの人が快適に過ごせるのですから。

「寒い」「暑い」という一見個人的な理由で行われる自己主張が、社会をより快適にし、市民生活を向上させるかもしれません。

授業やセミナーで、手を挙げて質問することも同じです。私は授業で「疑問が生じたら、いつでも言って下さい」と受講生に言っています。教員の私が間違ったことや、思い違いを述べることはあるものです。その場で指摘してほしいのです。教員はまた、学生からの質問や意見、感想を聞きたいと思っているものです。

私が学生時代、ある教員が「君らね、もっと質問しないとだめだよ。手を挙げて質問するのは、自分のためじゃないんだ。他の学生のため、先生のためだ。つまり『世のため、人のため』なんだ」と言ったものです。

併せて、その先生は、質問するときの秘訣を次のように話します。

「質問を考えてから、手を挙げてはいけない。そうすると、抑制が働き、『やめておこう』と思ってしまう。質問はね、手を挙げながら考えるんだ」

その先生には、とにかく学生の授業の参加を促すことが、授業の活性化につながるという思いがあったのです。今、私が教員になってこのことがよく分かります。

「世のため、人のため」に、「冷房を少し止めてもらえませんか」と言ってみてはどうでしょうか。

「ぼけ」には「つっこみ」で

「清く、正しく、美しく」をモットーにする宝塚音楽学校の練習用の舞台の袖には、二五カ条の「やってはいけない」注意書きが貼りだしてあるそうです。「笑顔がない」「お礼を言わない」「おいしいと言わない」「グチをこぼす」など、ふだんの私たちの生活にも役立ちそうなことばかりです。ぜひ、ウェブサイトでチェックしてみてください。

これを教えてくれた友人と、「あるある」とうなずき合った中で、私が一番、気に入っているのは、「何でもないことに傷つく」でした。学生と話をしていて感じることは、少し注意すると、すぐ意気消沈することです。辛口のことを言われるのを恐れています。だから、まじめな会話が長続きしません。「反論する」「言い返す」ことが弱いように思います。相手の言っていることに承服できなくても、うなずいてしまいます。時々、別れた後、私がフォローのメールをすることもあります。

私はあえて、さらなる展開ができるように、あいまいなことを言うことがあります。関西言葉でいう「ぼけ」るのです。「つっこみ」を誘うためです。しかし、学生はうなずくばかりで、拍子抜けすることが多いです。あわてて、私が、付け加える。結果、全体の時間のほとんどを質問にきた学生でなく私がしゃべっているという構図になります。

会話はキャッチボールのように、片方が言葉を発し、それを受け取った方が、新しい情報をつけて返します。それを受け取って、話が発展し、双方に新しい発見をもたらします。これが会話の醍醐味だと私は思っています。

スモールトークの威力

一般に、西欧語圏の人たちは、その場に一緒にいる相手の沈黙を嫌います。「沈黙は美徳」は通用しません。黙っていると、「内容のない人」と思われるか、表情が乏しい場合、「不気味に見える」そうです。

やりとりを継続するためには、こちらから質問をしてみることは有効です。

相手が、「金沢に行こうと思うのだが」と切り出したら、「初めてですか」「なぜ行くのですか」「どうやって行くのですか」など、いくらでも問い掛けができます。話の展開が「いや、金沢でなくて、他の街でもいいのだが」となる場合もあります。「じゃ、それなら、私の故郷の富山に行きませんか。良い街です。友だちの店に寄ってください。連絡しておきますよ」と思わぬ方向に話が発展するかもしれません。

私自身、せっかくの著名人とざっくばらんな会話の機会がありながら、気おくれしたために、私が話すタイミングでうまい言葉が出ず失敗したことがあります。全米ネットのABC本社（ニューヨーク）を訪ねた時のことです。偶然、世界的に有名なTVジャーナリストのバーバラ・ウォルターズさんと引き合わせてくれたのは良かったのですが、「はじめまして」のやりとりの後が続かず、短いやりとりが二往復ぐらいしたところで、私の番で終わってしまいました。何か気の利いたことを言おうと思っているうちに時間切れになってしまいました。「日本でもあなたのファンは多いですよ」「日本に来る予定はありますか」など当たり障りのないことを言うだけでも、会話が発展した可能性は十分あります。

英語圏やヨーロッパ語圏では、懇親会やパーティーで、見知らぬ人とでも、目と目があえば、世間話ほどでもない差し障りのない雑談を交わすことが普通です。バス停やATMの列で順番を待っている時でも、前後の人とごく普通に話をします。「バス、そろそろ来ますかね」「良い天気ですね」などと、どちらからともなく声を掛けます。

朝の散歩でいつも出会う人とのちょっとしたやりとりも同じです。相手のイヌを指して「オスですか、メスですか?」「名前は?」「かわいいですね」と話し掛けることは普通です。

鳥飼玖美子氏によると、このような、小さな会話のことを「スモールトーク」というのだそうです（『話すための英語力』p.68）。私はスモールトークの威力は絶大だと思っています。冷静に考えてみると、私たちの友人や知人の関係の出発点には必ずスモールトークがあります。取っている授業、郷里のこと、好きな球団、自分の趣味、応援している小さな店、このような話で接点ができ、それがより深い人間関係に発展します。

社交性とはそうやって培われるものだと思います。ちょっと話をしてみたいと思う、その好奇心が新たな関係性へと導いてくれるのですね。旅先でも、バスの中でも、教室でも上手に初めての人と会話をする人がいます。社交性の高い人とはそのような人です。横で見ていると、社交性のある人は、会話のための会話というよりは、人に興味があるように思います。

笑福亭鶴瓶さんの社交術

見知らぬ人と他愛のないことから、話を発展させて行くことが社交性です。あいさつや情報交換程度の会話が、やがて意見の交換である対話へ発展していきます。一つ一つの会話が重なって、結果として社会が活気づくと私は思います。反対に一人一人が沈黙すると、気まずい雰囲気が出来ます。スモールトークで始まる会話は、社会における小さな細胞と言えます。細胞が発展し、次の活動、次の展開になるのですね。パーティーに出席して、初めての人と話をすることで、知らない世界を知り、時には新しい仕事のチャンスが得られます。スモールトークはあなどれません。

私は、NHKのTV番組『鶴瓶の家族に乾杯』を見るたびに、笑福亭鶴瓶さんはスモールトークの達人だなと思って、感心して見ています。初めて会う人への声の掛け方が絶妙です。もちろん、売れっ子芸人が声を掛けるのと、普通の人が声を掛けるのとでは異なります。それでも、声を掛ける間合い、話題の振り方、相手が乗ってこない場合、どうやってつなぐのか、どうやって話を終わらせるのか、参考になります。私は、日本で、あのような社交性がもっと広まればよいと思っています。

本書の主題でもある、「地球市民であること」や「国際性」とは結局のところ社交性が発展したものではないかと思っています。

日本人で社交性のある人は概して、外国人との会話もうまくいきます。言語の問題ではないのかもしれません。

私たちは誰でも、知っている人といると楽だと感じます。大学のキャンパスで学生を見ていると、多くの人が同じ顔ぶれといつも一緒にいるように見えます。同じ仲間とばかり付き合っていると、いつも同じような話に終始します。時には、社交性を発揮し、違う顔ぶれと話してみることは重要です。

社会人とは、本当は誰でも分け隔てなく人と相対し、コミュニケーション力を発揮できる人のことだと思います。外への顔と内に向けた顔との差が極端にあるのはどうかなと、私は思います。

育った環境も大きいかもしれません。漫才という対話型の話芸が根を下ろした大阪では、暮らしの中で、老若男女、漫才で言う「ぼけとつっこみ」を実践している人の割合が高いです。関西では社交的な人は多いと感じます。東京では「ぼけとつっこみ」の精神が希薄です。大阪出身の私は、ぼけている時は、つっこんでほしいと感じます。余談ですが、留学生に「日本で、どこに暮らしたいか」と聞くと、大阪を挙げる人は多いです。

会話を止め、修復する

記者の仕事の中心にあるのは、人と会って話を聞くことです。この仕事をして良かったなと思うのは、会話の技術のようなものを体得できたことです。記者がインタビューするときに、理解できなかったり、前後のつじつまが合わないと感じたりするときは、その場で、会話をいったん、止めるのが原則です。

「すみません、それ、どういう意味ですか」「それって、こういうことですか」「聞き取れませんでした」「もう一度、お願いします」というようにしています。恥をしのんで、おそるおそる、ささやかな勇気を発揮してそうすることも多いです。しかし、会話を中断したり、修復しようとしたりするのは、その方が、結局、時間の節約になり、会話の内容が正確になると知っているからです。私は今でも、もう一回聞こうかどうしようか、と迷った時は、勇気をもって「あのう、もう一度言ってもらえますか」とお願いしています。「聞くは一時の恥、聞かぬは一生の恥」を頭の中によぎらせながら、そうします。

このような会話を維持させ、実のあるものにする訓練をしておくと、私たちの日常のコミュニケーションの効率も上がり、会話にもはずみがつくのではないでしょうか。

ふだんの会話でも、相手の言っていることが分からなかったり、相手が誤解したり、ということはよくあることです。その時に、どのように修復するかは、簡単な言い回しですので、身に付けておきたいです。誤解の上に、相手を正しく理解することはできません。

もう一つ、対話や会話の質を向上させるために重要な点を挙げておきます。ほめたり、ほめられたりすることについてです。ラグビー日本代表のヘッドコーチだったエディ・ジョーンズ氏が言っていたそうですが、「いいプレーだね」と選手をほめても、照れくさいのか、多くの選手はほとんど反応しなかったそうです。「ありがとうございます」と一言返すことが、よいプレーを記憶する意味でも大切だとスポーツ心理学者の荒木香織氏が指摘していますす（荒木香織氏インタビュー記事「朝日新聞」二〇一八年一月四日朝刊）。

ほめられたら「ありがとう」、これが日本語の中で定着するとよいなと私も思います。

「相撲」「サクラ」「富士山」

ところで、私たちが日本の文化や社会を、外国人に理解してもらうには、まず自分たちが日本のことについて、きちんと知っている必要があります。例えば、相撲とは何か。皆さんは、うまく説明する自信がありますか。

相撲はスポーツなのか、武道なのか、神事なのか、伝統行事なのか。どうやれば「勝ち」となるのか。試合前の土俵で行われているのは準備体操か。本当に国技なのか。ならば、日本人はみな、ふんどしをするのか。なぜ、ふんどし姿なのか。なぜ、太っているのか。あの髪型には意味があるのか。小学校でみなやるのか。女子は参加しないのか。モンゴルと日本は、協定でもあるのか。黒人力士はいるのか、などつっこみどころがいっぱいあります。

これを英語で要領よく説明することは、慣れていないと難しいです。

別の例で、初詣があります。なぜ神社やお寺にお参りに行く人があのようにたくさんいるのでしょうか。あれは宗教行事なのでしょうか。おさい銭とは何でしょうか。日本語でも解説できるようになっておかないと英語で説明することは不可能です。

他に、歴史用語を知っているかどうかも大きいです。例えば、「明治維新」。定訳であるthe Meiji Restorationを私は教室で学んだことがありません。restoration（復古）を知っていれば、「明治維新」の性格が、reformation（改革）でもrevolution（革命）でもない、と簡単に説明できます。もっとも、本当に明治維新がrestorationの訳でよいのかどうか議論の分かれるところです。

余談ですが、平成の世に「維新」を付けた政党がいくつかありますが、いずれも正式な英語名には、restorationを採用していません。「維新」という言葉を日本史に求めておらず、独自の主張を込めています。

日本人が愛好するサクラの花も本当のところ、なぜ、それが魅力的なのかは、外国人には必ずしも理解されていません。すぐ散り、色も微妙に薄いサクラの花を、なぜ日本人が尊ぶのか、説明が必要です。日本語の伝統で、「花」と言えばサクラです。しかし古来、和歌に詠われるのはヤマザクラであり、これは明治政府が全国の小学校に植えたソメイヨシノ、つまり、私たちが毎年やきもきしながら開花を待つサクラとは別の種類です。富士山をなぜ、日本人が尊ぶのか、その理由を説明することも必要だと思います。

英会話よりも英語メールを

「英会話をもっと」という声をよく聞きますが、私は「英語によるメール」の重要性を挙げたいです。英語メールができると得をし、できないと損をします。

日本にいる限り、#1で述べたように、私たちは英語学習に多くの時間をかけるほどには、英語で、じかに外国人と応答、応接する機会は多くありません。

それよりも、英語メールのやりとりを勉強する効果は絶大です。海外と関係のある部署にいるなら、何をおいても、きちんとした英語を書ける人であってほしいと願います。日本や海外の企業やNPO、国際社会で生きていく上で、必要で不可欠な力だと言ってよいほどです（#5で、メールによる備前焼の海外販売の話をしました）。

サラリーマンの基本動作として、日本語でもビジネスメールのやりとりは重要な仕事になりました。引き換えに大きく後退したのが、電話の応対です。電話は相手の時間を拘束するので、接客サービス以外では、電話のやりとりは急減しました。まして、電話による海外とのやりとりは、時差を考えると、現実的ではありません。グローバルな舞台でのコミュニケーションはメールが優れていると言ってもよいほどです。

私がＦＩＦＡワールドカップ日本組織委員会（東京）で働いていたとき、チューリヒ（ＦＩＦＡの本部がある）の広報部長と米国人コンサルタント（ニューヨーク在住）と毎日のようにやりとりをしていました。有楽町のオフィスに、朝、出勤すると、前日の課題の答えが、新たな課題とともに、チューリヒとニューヨークから返って来ています。同じ日の夜に私が帰る前に、片付けた宿題をチューリヒとニューヨークに返し、新たな質問を投げます。

おそらく、勤め先が商社や外資系企業で、海外を相手にしている人は同じような日常を過ごしていると思います。

日本でも、打ち合わせたり、電話で話した後でも、「それ、あとでメール送っといて」「今の、メールで展開しておいて」ということがいろんな会社で基本動作になりました。いかにメールが重要かよく分かります。

今どきの外国とのビジネスコミュニケーションとは、概して、電話や会議の「話す英語」から「きちんと書く英語」の時代に移行していると私は思います。

それでも「日本人らしさ」を

海外、特に欧米に長く暮らした人がよく、次のようなことを言います。「日本人がグループでレストランに行ったときに同じものを注文することが多い。あれってかっこ悪いからやめるべきだ」

作り話のようなうわさでは、フランス人は必ず、人と違うものを注文するらしいです。本当に食べたいものがあっても、相手とダブることを、やせがまんしてでも、避けるとか。個人主義を尊ぶと言われるフランス人についての類型化されたイメージです。

それはさておき、レストランで同じものを注文することに何の問題もないと思います。もちろん、食べたいものがあるにもかかわらず、同調圧力から、食べたくもないものを注文するのは間違っています。

天ぷらうどんか、天ざるか、で迷うことはよくありますし、他の人が注文しているものに触発されることは往々にしてあります。自分の食べたいものが思いつかないこともあります。同じものを注文するのは、料理人の手間や苦労を軽減する意味合いもあります。注文したものがそろってテーブルに並ぶので、同時に食べ始めることができるという大きな利点もあります。

これが「日本人らしさ」かどうか、実のところ私にもよく分かりませんが、やせがまんしてまで「個性的である」必要は全然ないと思います。

統計学者の林知己夫氏は、アンケート調査のあり方について国際比較をしました。長年の仕事をエッセイとしてまとめた『日本らしさの構造』によると、米国人、フランス人、ハワイ日系人、ブラジル日系人を比較すると、確かに日本人の特徴として、「中間的な回答を好む傾向」が表れるのだそうです。

林氏はこれを受けて「中間的回答好みは国際化時代に適用しないから『はっきりものをいえ』という人がいるが、これは日本人が日本人でなくなることを意味する」と述べています（『日本らしさの構造』p.217）。

グローバル時代は、「英語一強」の要素がますます強くなります。すでに、日本式の英語、日本人の英語でよいのではないかと言いました（#4）。地球市民であるということと、日本らしさとの共存について考えてみることにも意義がありそうです。

コラム⑭　和平交渉は女性の手に

入社試験にせよ、入学試験にせよ、選ぶ側の人は誰であれ、「女性のほうが男性よりも成績がよい」ことを知っている。

ふだんの答案を見ていても、女子学生の方が概して、文章がうまい。字がきれいで、ていねいに書かれていることが多い。答案の余白に、課題にちなんだ可愛いイラストをさりげなく描いてくる学生がいる。たいてい女子だ。ほんの数秒で描かれた、気の利いたさし絵が目に入る。その学生の「頭の良さ」や「才気」を感じる。

二〇〇枚近い答案を見ていて、イラストが目に留まると、ほんの少し心が和む。レポート提出もコミュニケーションの一つと考えると、女子の方が男子よりもコミュ力が高いということか。

子供を産む性の女は、見知らぬ土地でも、小さな赤ん坊を生み育てるために、一人でも多くの仲間や協力者を得る必要がある。だから女性は生まれながらに「友好的で、コミュニケーション力も高い」とする説を聞いたことがある。当たっていると思う。

古代ギリシア最大の喜劇詩人アリストパネスの喜劇『女の平和』を観たことがある。男どもが戦争に明け暮れるのに愛想をつかした女主人公が、アテネの女たちをアクロポリスに立てこもらせ、戦争をあきらめるまでは、男と床を共にしないと宣言する。男に対するセックス・ストライキは功を奏して、ついに和平が実現するというのがストーリーだ。

CNNを観ていると、男性政治家は、気炎を吐いて、ミサイルだの核弾頭だの物騒な言葉を吐く。女性の政治家が増えると「世界の平和」が実現しやすくなるかもしれない。かりに国同士が揉め始めたら、交渉担当は女性に任せればよいのではないか。平和的な解決が期待できる、か。

そんなことをある教員（男性）に話したら、乗ってこない。「教室の私語を思い出してほしい。たいてい女子だよ。注意してもやめない。放っておくと、いつまでも続く。こっちの平和はないよね」

#15 日本が存在する意義

地球市民の時代において、日本人は「(他人に)声を掛ける」ところから始まり「ちょっと話してみる」「自己主張してみる」ことの必要性を述べました。また、この国の社会や文化についてもっと説明した方がよいのではないかと言ってきました。

では、この時代に日本が国際社会に対して本当に届けなければならないこととは何でしょうか。すでに述べた課題先進国として扱うべきさまざまな問題を置いたとしても、確たるものが一つあると思っています。それは核兵器による唯一の被爆国としての経験を世界に伝えることです。この世から核兵器を無くすよう呼び掛け、時には他国を説得することだと思います。

核廃絶で後退する日本

アジア太平洋戦争後に、新しく生まれ変わった日本は、軍事力に依存しない国になること、国際紛争を解決する手段として軍事力を行使しないことを世界に誓いました。同時に日本は、被爆国として平和外交を貫き、平和を世界に呼び掛けてきました。

ところが、二〇一七年、多くの国を驚かせることが起きました。日本は、国連で採択された「核兵器禁止条約」への参加を拒否したのです。被爆国の日本が、です。

「核兵器禁止条約」に参加しなかったのは、米国の「核の傘」に入る日本が、米国と足並みを揃えるためと言われます。日本政府は、きちんとした説明を国際社会においても、国民にもしていません。「日本は核兵器廃絶から後退している」「核軍縮に後ろ向き」と、各国から厳しい批判を受け、日本の姿勢を疑問視する声が上がっています。

「核兵器禁止条約」（以下、核禁条約）は、核兵器そのものが国際法に違反しているとする立場から、核廃絶に向けて、核兵器を一律に禁止する厳格な内容を持っています。二〇一七年七月に国連で採択されました。広島や長崎の被爆者のことを念頭に、「被爆者（原文ではhibakushaという表記を使っている）の苦しみを忘れずに」と記され、核兵器の「使用、開発、実験、保有、製造、供与、貯蔵、配備など」を禁止しています。「（核兵器の）使用の脅し」つまり、報復のための核兵器を保有することによって相手国を威圧し、核攻撃を思いとどまらせる「核の抑止力」の考え方をも排除しています。

採択の決議にあたっては、国連加盟国一九三カ国のうち一二四カ国が出席し、一二二カ国が賛成しました。この決議に、日本は欠席したのです（最初から議論にも加わっていません）。核兵器を保有する米国、ロシア、中国、フランス、英国なども欠席しました。日本と緊密な関係にある東南アジア諸国連合（ASEAN）では一〇カ国中、シンガポール以外の九カ国が賛成しました（シンガポールは棄権）。

原爆、落とした国と落とされた国

米国と同盟関係にある日本が、さまざまな分野で米国と同一歩調を取りたいのは理解できます。しかし、「核兵器」の問題にまで、米国に寄り添っていいのでしょうか。

考えてもみてください。米国は世界で唯一、核兵器を使用して、よその国（日本）の市民や子供の生命を奪った国です。日本を被爆国にした国です。両国は交戦状態にありましたが、原爆について言うなら「落とした国」と「落とされた国」という究極の関係にあります。さらには、一九五四年にビキニ環礁で米軍の水素爆弾実験によって被爆した第五福竜丸の惨劇もありました。

米国はたくさんの核兵器を抱えたまま、他国が核を保有することに猛反対しています。本当はまず米国が核を放棄すべきでしょう。日本が米国の友だちなら、「核兵器を放棄しようよ」と言葉を尽くして説得する立場にさえあると私は思います。

外務省は、「核禁条約は、核の脅威にさらされていない国々が主導している。お気楽なものだ」「東アジアにおける日本の状況や日米関係を考えたら、核禁条約が目指すものは絵に描いた餅に過ぎない」という見方を持つのでしょう。

確かに、外交の世界は花畑ではないのですし、「核保有国や核の傘の下にいる国々が参加しない限り、核なき世界を実現させることはできない」という外務省の見方に一理はあるでしょう。二つに分かれた対立構造が際立ってしまうと、かえって、両者が折り合えることが困難になり、現実的な議論ができなくなる、という理屈もあります。分からないでもありません。

しかし、「米国が核保有国で、核禁条約に反対している。だから、自分たちも関わらない」というのが本音のように聞こえるのです。つまり、日本はすべて米国に譲歩する。日本の主張は何もないという風に聞こえます。

「ドイツ、イタリアをはじめ、ＮＡＴＯ（北大西洋条約機構）各国や、韓国など多くの核の非保有国は、米国などの核の傘に入っているではないか」「日本もこれらの非保有国と同じ姿勢を取って何が悪い」という言い訳もあるでしょう。

しかし、被爆した国という一点において、日本は他のどの国とも異なります。また、科学的にみても、日本が持っている被爆データは膨大です。核兵器の使用に関して、日本は圧倒的な発言力を持っているはずです。

「条約に入らない？　ならば、説明を」

条約を推進する国は素朴な疑問をもちます。「日本は、核廃絶を強く訴えてきたではないか。なぜ、条約に参加しないのだ」「唯一の戦争被爆国から核廃絶のメッセージはないのか」と。

核禁条約を推進するにあたり、広島や長崎の被爆者団体が、各国に核兵器の悲劇を説いて回りました。世界で唯一、原爆を投下された惨劇を身体感覚で知っているのは日本人です。核兵器の恐ろしさは一瞬のものでなく、苦しみは何十年も続きます。そのことを説いて回った人がいたからこそ、一二二カ国の人々を動かしました。

米国のオバマ前大統領は二〇〇九年、有名なプラハ演説で「核兵器を使用した唯一の国だからこそ、米国には核廃絶の道義的な責任がある」と言明しました。そのオバマ大統領は二〇一六年五月二七日、広島を訪問し、「不屈の努力によって核兵器廃絶への努力を惜しまない」と誓いました。

「世界で唯一、核兵器を使用した国」の元首が「核兵器を使用した土地」を訪れ、そこで、

「（米国は）核兵器を使用した唯一の国だからこそ、核廃絶の道義的な責任がある」と明言し、核兵器廃絶を誓ったのです。それをわずか数メートルの一番近くで聞いていたのは安倍晋三首相なのです。オバマ氏のスピーチに感銘したそぶりすら見せていました。なぜ翌年の核禁条約への不参加の態度決定になったのでしょうか。

皮肉なことに、二〇一七年、国際NGO「ICAN（核兵器廃絶国際キャンペーン）」がノーベル平和賞を受賞しました。日本の被爆者と連携し、核禁条約の採択に貢献した団体です。

受賞のニュースが世界を駆け巡り、「世界の平和」がいっそう推進されると各国首脳が、喜びの談話を発表しました。しかし日本政府はこの報道に冷淡でした。受賞の発表から二日後に、匿名の外務報道官が「国際社会で核軍縮・不拡散に向けた認識が広がることを喜ばしく思う」とする談話を発表するに留まりました。

ちょうどこのころ、英国人作家カズオ・イシグロのノーベル文学賞受賞が発表されました。受賞者が日本生まれという理由なのか、安倍首相はすぐに祝福のコメントを発表しました。好対照を見せています。

他方で、オバマ政権からトランプ政権になり、米国も核禁条約に不参加の状態です。日本はこれに対して「なぜか？　説明を」と米国に要求することも忘れています。

「原爆を落とした国」と「落とされた国」が、核兵器使用について、同じ意見を持つことは、どう考えても不可解です。戦争で被爆したという一点において、日本は空前絶後の国なのです。米国と交渉するこの国のリーダーも外務省役人も、核軍縮について日本が他を圧倒する発言力を持つことを忘れてほしくありません。

「あなたはどこの国の総理ですか」

前後しますが、長崎への原爆投下から七二年が経過した「原爆の日」を迎えた二〇一七年八月九日、被爆者団体の代表が、平和祈念式典に列席した安倍首相に要望書を手渡す時に、「あなたはどこの国の総理ですか」と言いました。核禁条約を日本政府が無視していることに強く憤ったのです。テレビ報道を見る限り、首相は無表情のまま立ち尽くしていました。代表はさらに「被爆者の願いがようやく実り、核禁条約ができた。私たちは心から喜んでいます。私たちをあなたは見捨てるのですか」と問いますが、首相は表情を隠したまま一言もありませんでした。

この光景をどう考えたらよいのでしょうか。

日本は、日米安保条約を土台に米国の傘に入っています。そして、北朝鮮の危機が現実に視界にあり、日本は米国の機嫌を損なうことができない。米国の言いなりにならなければならない、というのが日本政府の本音でしょう。

そもそも日米同盟が「対等の関係ではない」ということは気の利いた子供なら知っています。私が中学生の時から、「日本は米国の従属国」であり、「日本はハワイの向こうの五一番目の州である」「日本の首相は米大統領のリモコンで動く」という言い方はありました。私が通信社にいた時、多くの同僚と「日本は本当に独立国かどうか」という言い回しを共有していました。おそらく「どこの国の総理か」は、多くの大人の間ではなじみのセリフです。

モノ言う首相がいた

戦後日本は、米国の手引きで復興してきました。米国をお手本にした国造りを目指したので、米国の顔色をうかがわざるを得ません。

米国を初めて「同盟国」と呼んだのは大平正芳首相です（一九七九年）。以後は、日本ははっきりとした対米追随姿勢を持つようになりました。中でも有名なのはレーガン大統領との「ロン・ヤス外交」で知られる中曽根康弘首相でしょう（在任は一九八二―八七年）。

湾岸戦争（一九九〇―九一年）に際しては、ブッシュ大統領（父の方のジョージ・ブッシュ）から、参戦を求められました。海部俊樹首相は、憲法上の理由で「参戦しない」と明言する代わりに、国民の血税を使って一三一億ドルの資金援助をしました。クリントン大統領は、日本に構造改革を要求し、市場開放を高圧的に内政干渉にも近い形で要求しました。

二〇〇一年九月一一日、米同時多発テロの発生を受けて、小泉純一郎政権は、ブッシュ大統領（息子の方）の「テロとの戦い」を支持し、アフガニスタン侵攻を支援するため、自衛隊は「正当防衛」の範囲で武器が使用できるようになりました。二〇〇三年のイラク戦争では、陸上自衛隊がＰＫＯに参加しました。どちらも日本の憲法に違反する可能性が高い政策でしたが、「国際協力」（実際は米国への協力）の名のもとに、日本の応分の負担という理屈で乗り切ってきたように見えます。その後の日米関係は、「同盟」の名目で軍事的なつながりを強化しています。安倍首相は、オバマ大統領やトランプ大統領と会談するとき、「日米同盟」を強調します。同盟という用語が使われるとき、軍事的な意味合いがつきまといます。

このように、大筋のところ、日本は自ら対米追随外交を選んできました。それゆえ、「あなたはどこの国のリーダーか」とつっこみたくなる人が出て来ます。しかし、過去にはモノ言う首相もいました。

佐藤栄作首相は一九六九年、米国に沖縄返還を要求しました。二年後に現実のものとなりました。続く、田中角栄首相は一九七二年、米国の先を制して、中国との国交回復を実現しました。米国のニクソン大統領は日本の頭越しに中国と交渉していたのですが、結果としては、日本が先に国交回復を実現しました。ニクソン大統領を出し抜いたのです。

一九七三年、石油危機に際して、日本は米国と違う道を採りました。それまでの米国追随を意味するイスラエル寄りの外交政策を変えました。三木武夫副総理（田中角栄政権）は、イスラエル支持国への禁輸を実施したＯＰＥＣ（石油輸出国機構）などアラブ諸国を行脚することで友好関係を構築し、日本を禁輸対象から外させるという交渉を行いました。「同盟は軍事的意味合いを持つものではない」（一九八一年）と発言した鈴木善幸首相もいました。橋本龍太郎首相はクリントン大統領との首脳会談で、沖縄・普天間飛行場の返還を要求し、全面返還で日米政府が合意しました。沖縄のその後の展開は迷走しますが、少なくとも、橋本首相は米国にモノを言ったのです。

友だちは「戦争ができる国」

思い起こしてみれば、池田勇人首相が一九六一年、訪米した時、ケネディ大統領は池田首相を自分のヨット・クルーズに招待するほど厚遇しました。トランプ大統領が安倍首相を私邸に招いたようなものです。当時は、あらゆる点で、両国の上下関係は明らかでした。おんぶにだっこのようなものです。もちろん、米側に国家戦略上の思惑がありました。池田首相との会談で、ケネディ大統領は日本を米国の「パートナー」（友好国）と呼びました。

今の日米「同盟」は実態を表していません。同盟なら、言うべきは言える関係でしょう。現在の日米関係を考える時に、同盟や運命共同体でなく、実態として友好国（パートナー）を選択することはもはやできないのでしょうか。

日本は少なくとも建前上、紛争解決に兵器を使わないことを憲法が明記しています。一方、米国は紛争解決に武器を使うことにためらいはありません。トランプ政権は、北朝鮮問題について、威嚇の意味も込めて、「いざとなったら武器を使用する」と明言しています。実際、米国は二〇一七年四月にシリアへのミサイル攻撃を行いました。大統領がいう「正義」の立場から、米国は堂々と武力を行使できるのです。

本当に日本と米国が、共同歩調を取れるのでしょうか。日米関係を同盟というならば、日本が米国の友だちならば、日本は「核兵器の恐ろしさを知っている私の言うことに耳を傾けてほしい。核兵器を放棄してはどうか」と説得する立場にあると思います。

真珠湾攻撃から学ぶ

もちろん急変する北東アジア情勢のなかで、軍事の意味合いがかつてないほど重要になり、冷戦時代とは局面が大きく変わったということも理解できます。たとえば、「韓国が実効支配する竹島の問題」「中国が自らの領有と主張する尖閣諸島の問題」「暗礁に乗り上げているロシアとの北方諸島の問題」それに、「北朝鮮のミサイルと核武装の問題」など、日本が置かれた状況は複雑で安心できません。

しかし、軍事だけが対応手段ではありません。軍事の前に、外交（言葉による交渉）や経済、文化、人的交流があるではありませんか。「軍事しかない」ということは決してないと思います。外交とは、国のトップ同士だけでなく、時には民間レベルの意思疎通を含め、あらゆる外交ルートを含むべきでしょう。

日本の真珠湾攻撃を思い起こします。攻撃の直前まで、日本は全ての外交ルートを使って米国と交渉をしようとしたことが知られています。最後まで譲歩案を出し続けた日本に対し、米側は、日本が飲めるはずのない「ハル・ノート」（日本に外地における利権を全て放棄することが盛り込まれた文書）という最後通告のような要求を突きつけました。話し合いを拒絶したのは米国ではなかったでしょうか。実際、米国は日本を経済封鎖しました。外交も、移民も封じられる中で追い込まれ、日本が最後に選んだのが真珠湾攻撃だったのかもしれません。

トランプ大統領は「あらゆる手段を講じる」と言います。これには軍事行動が含まれます。安倍首相は「日本は一〇〇％米国とともにある」と明言しています。これが本当に日本の採るべき道なのでしょうか。

自国の被爆者から「どこの国の総理か。私たちを見捨てるのか」と問われ、返答できなかった人が、本当に米国と対等に話せるのか疑わしいです。

言葉だけの同盟、概念としての同盟に振り回されているように感じます。同盟という名目で、日本がすべて譲歩する。日本は何も主張しない。これでは、日本が存在する意義はありません。戦後日本は、「武力ではものは解決できない」「軍事力でものは解決しない」、これをうたったすばらしい憲法をもっています。この点において、世界の模範となるはずの国です。これを強調しないで、日本が世界に存在する意義を見つけるのは難しいと感じます。

概念が上滑りしたまま、国のリーダーが発言を繰り返します。「平和」「核禁止」「国難」「被爆国家」「同盟」「基地問題」「説明責任」、挙げ句は「働き方改革」「人づくり革命」など概念だけがふわふわ漂っています。

コラム⑮ オペラには「コミュ障の人」がいっぱい?

オペラの登場人物、特に主人公には、思い込みが強かったり、人の言うことを聞かなかったりする「困ったさん」が多い。

『蝶々夫人』の蝶々さんはその典型。「あの人はきっと帰ってくる」と軽薄男の米国人ピンカートンを長崎で待ち続けた。まわりの人はあきらめるよう説得しているにもかかわらず、である。勝手な思い込みから自滅していく。

オペラでは主人公の男女が、自分の遂げられない愛や失恋、抑えられない憎しみや裏切りを朗々と歌い上げる。見せ場では、大音量のオーケストラや合唱が加勢する。主人公が歌うアリアが圧倒的な音楽となって会場全体に響き渡り、観客は放心状態となる。アリアが終わると満場の拍手が鳴り止まない——。

「しかし、ね」とオペラ初心者の友人が言う。「主人公があんなに怒ったり、泣き叫ぶ前に、ちょっと事実関係を調べるとか、こっそり誰かに相談するとかすれば、苦しまなくていいよね。早めに事実を受け入れたら、死ぬこともない。陰謀も毒殺も起きないよね。オペラの登場人物ってコミュ障が多い？」

確かに。オペラでは、登場人物は焦るあまり、愛しすぎるあまり、余計な疑いを抱き、人の声に耳を貸さなかったり、言うべきことを言わなかったりする。今風に言えば、「濃い」人が多く、派手な展開をたどりがちだ。その意味で、良くできたオペラほどコミュ障のオンパレードとなる。

オペラの題材は、国王や王妃、お殿様や領主、軍隊の長、軍人の妻、エリート貴族など地位の高い人を主人公にしたものが多い。こういうコミュ障の人が、国や地域を混乱と危機に陥れる。

さて、現実はどうだろうか。いつも舞台の中心にいる首相や大統領がコミュ障でないことを願うばかりだ。国のリーダーは、コミュニケーションの達人でなければならない。イエスマンの側近やお友達とだけ付き合っていては、すぐに裸の王様になる。そして、歴史に刻まれる。

おわりに

本書では「わたしたちの英語」に始まり、「みんなの日本語」を考え、日本を開かれた国にするため「地球市民のコミュ力」について考えました。

最近、世界各地で日本人女性が生き生きと活躍している光景に接する機会が増えました。男性中心の閉鎖的なサラリーマン社会を嫌がって、「日本を飛び出す」女性が増えているのかなと思ったりします。

一般に男性よりもコミュ力の高い女性は、世界中どこでもやって行けるのでしょうか。活躍の場は、ニューヨークやロンドンのような大都会のオフィスとは限らず、中東やアジア、アフリカなどの、難民や貧困状態の子供の支援活動の現場であったりします。国連やNGOなどで、それぞれの持ち場で高い地位で重要な仕事をこなしている人も多いです。

社会における男女格差の度合いを示す「ジェンダーギャップ指数」（『世界経済フォーラム』

報告書。二〇一七年）によると、日本は世界一四四カ国中一一四位となり、過去最低だった前年の一一一位からさらに後退しました。相当に低いレベルですね。日本は閉鎖的で、仕事をする女性には生きづらい社会であることをデータが裏付けているようにも感じます。

ところで、もう一つ、日本人に関わるデータで、世界的に極端にレベルが低いのが、英語力です。日本人のTOEFLの成績が、長い間、世界で最下位のレベルにあるのでしたね（45ページ）。

「ジェンダーギャップ指数」と「TOEFLの国際ランキング」の二つの指標が極端に低いということは、日本という国のコミュ力のありようや閉鎖性を表しているのではないかと私は感じます。

つまり、日本は、英語を苦手とする意味で「ソト」とのコミュ力が弱く、男女格差が大きいという意味で「ウチ」なる社会が開かれていないと言えないでしょうか。

もちろん、この二つの指標が全てではありませんし、そもそもこれらの指標も分析の仕方では、また違った評価ができるかもしれません。それでも、「日本はコミュ障の国ではないか」と考える一端が読み取れるように思います。

＊

本書を書き上げたあと、いくつかの課題が私に残りました。

第一に、「世界共通語としての英語」（国際英語）について。日本人が目指すべき英語の分かりやすい規範が欲しいと思っています。国際英語というと、すぐに「英語なんて道具だ。通じればよいのだろう」と言う人がいます。動詞にpleaseさえつければ、ていねいになるというような誤った知識がベースにあります。「英語なんてそんなもの」と思っている人は、「英語の敬語」を知らないまま来た人だと思います。心地よく通じる国際英語とは何かを追い求めたいところです。

第二に、日本語表記の合理化が進まないだろうか、と私は考え始めました。ワープロは便利ですが、ワープロのせいで、難しい漢字が書けてしまうので、表記の統一が弱まりそうです。日本語を書くことを仕事にする私も、表記には苦労します。そんな中、各地方自治体が進めている、災害時や日常生活のための「やさしい日本語」は外国人だけでなく、ごく普通の日本人が知っておくべきヒントを提供していると思いました。表記以外にも、日本語の敬語は改良の余地があるのでは、と思い始めています。

もっと多くの外国人が日本語に関心を持てば、私たちが普通に使っている日本語がもっと鍛えられ、簡単で機能的な言語にならないだろうか。私はそう思うようになりました。

日本語を変えるのは外国人かもしれないと、梅棹忠夫氏は次のように言います。「言語というものは、かわりやすい点もあるが、一面においてひどく保守的なところがある。へんなところや、不都合な部分がいっぱいあっても、なかなかなおらない。日本語も国内の使用者だけでは、変革のエネルギーに乏しいのではないだろうか。（中略）現在進行しつつある日本語の国際化は、日本語の将来に対してなんらかの影響をおよぼすかもしれない。日本語を母語としない人たちによって、日本語の規格化、標準化、安定化はすすめられて、この言語が世界のなかの国際語のひとつとして洗練されたものになってゆく可能性はないものだろうか」（『実戦・世界言語紀行』p.221）

第三に、英語圏で過ごした「帰国子女」（「国際結婚」と並んで、変な日本語ですね）の存在が気になります。もちろん帰国子女といっても一人一人異なるので、一概に論じることはできませんが、新しい開国の時代では、本当は、彼らの役割に負うところが多いように思います。

日本の英語の授業で、英語圏にいた生徒は空気を読むあまり「わざと下手に発音をする」と聞いたことがあります。日本社会で彼らが生き生きと活躍できる場がもっと欲しいです。

余談ですが、私自身、英語の音声をそのまま、日本語の会話の中に引用することに抵抗があります。嫌がられることを知っているからです。大阪言葉で言うなら、「ええかっこしい」と思われそうです。こういう問題をどう考えたら良いのでしょうか。

第四に、新しい開国の時代に、日本語の方言（各地の言葉）のことが気になります。私は、大阪言葉が母語ですので、方言に関心があります。それぞれの土地で、そこの言葉の持つ威力は絶大であることをよく知っています。東北学院大学教授の下館和巳氏はシェイクスピア劇の「東北言葉」（私は、大阪「弁」や東北「弁」という言い方に抵抗があります）による上演を二五年にわたり続けています。私には分からない言葉も出て来ますが、臨場感や音の響きに打たれます。

本書を校閲している段階で、東北言葉で書かれた『おらおらでひとりいぐも』（若竹千佐子著）が芥川賞を受賞し、話題になりました。タイトルは、私が高校生の時に習った『永訣の朝』（宮澤賢治）の中の、死に行く妹が兄に発した最後の言葉を思い出させます。「自分らしく一人で行く」ということなのでしょうか。

国際化とは、言葉が標準化へ向かうことを意味しますが、「自分らしさ」「日本らしさ」をどのように保つのかという大きな課題が残ります（#14「それでも『日本人らしさ』を」で少し触れました）。日本各地に残る方言が乱暴な扱いを受けないようにと願います。

＊

本書は、英語に関心のある人に向けて書きました。私たちがこれから生きていく時代は「新しい開国」の時代です。黒船到来の幕末や明治維新から一五〇年以上、敗戦から七〇数年ぶりの大きな節目です。各分野に激震が走るでしょう。思いもよらないリスクとチャンスがありそうです。今後どうなるかを予想することは難しいです。

ところで、「未来を予想する最善の方法は、それを自分たちの手で創り出すことだ」という言葉があります。生きやすい未来は、仲間と創り上げるものなのですね。ならば、自分の意見や考えが反映される世界に住みたいと思います。そうでないと他人が作った世界に自分を合わせることになります。

日本にいようと海外に出ようと、地球市民には異なる背景を持つ人と出会う機会が増えます。時には、異質な他者に接することで、「理屈にならないような理屈」や「板ばさみ」に悩むと思います。それを乗り越えていく力も欲しいところです。「ああ言えば、こう言う」を上手に実践しながら、主張し、理解されることが重要です。#14で見た、宝塚音楽学校の二五カ条の教えに書かれているように、簡単に傷付いている場合ではありません。

＊

最後に、本書出版の経緯を記しておきます。本書は書き下ろしです。「英語」「日本語」「コミュニケーション」の三つが相互に関わる私の仕事上の経験に基づいています。詳しくは#0に書きました。

昨年夏、神楽坂にある東京理科大学の私の研究室を訪ねて来られた青土社編集部の足立朋也さんとの雑談が、本書執筆のきっかけになっています。「日本語って実は戦闘には向かないらしいよ。機能性に問題があるらしいんだ」（コラム④「日本語を使っていると戦争に負ける?」参照）と私が話したら、「それ、書いてもらえませんか」となりました。秋から冬にかけて研究室や理科大の学食で雑談を繰り返しました。足立さんは人を乗せるのがうまく、校閲作業まで、二人三脚をしてくださいました。私は「ディスる」という若者言葉をこの気鋭の編集者から学びながら、モトを取った気分になったものです。短期間で本書をプロデュースした足立朋也さんの力量に脱帽です。

装幀は、デザイナーの松田行正さんにお願いしました。内容ぴったりに仕上げていただきました。ありがとうございます。

本書を通じて、「わたしたちの英語」「みんなの日本語」「地球市民のコミュニケーション」「国際性と社交性」などについて、一つでも二つでも、読者が「気づき」を得て下さればと願っています。

宮武久佳

二〇一八年　立春

参考文献

阿部謹也『日本社会で生きるということ』朝日新聞社、一九九九年
阿部謹也『日本人の歴史意識——「世間」という視角から』岩波新書、二〇〇四年
阿部謹也『近代化と世間——私が見たヨーロッパと日本』朝日新書、二〇〇六年：朝日文庫、二〇一四年
内田樹『日本辺境論』新潮新書、二〇〇九年
梅棹忠夫『実戦・世界言語紀行』岩波新書、一九九二年
梅棹忠夫『日本語の将来——ローマ字表記で国際化を』NHKブックス、二〇〇四年
老川慶喜『もういちど読む山川日本戦後史』山川出版社、二〇一六年
尾川正二『原稿の書き方』講談社現代新書、一九七六年
尾木直樹、リヒテルズ直子『いま「開国」の時、ニッポンの教育』ほんの木、二〇〇九年
川島武宜『日本人の法意識』岩波新書、一九六七年
木村直樹『〈通訳〉たちの幕末維新』吉川弘文館、二〇一二年
共同通信社『記者ハンドブック——新聞用字用語集』（第13版）、共同通信社、二〇一六年
共同通信社国際局『英文記者ハンドブック』（オンデマンド版）、アルク、二〇一〇年
倉田保雄『ニュースの商人ロイター』新潮選書、一九七九年：朝日文庫、一九九五年

桑原武夫『桑原武夫集 3』岩波書店、一九八〇年
小宮山宏『「課題先進国」日本——キャッチアップからフロントランナーへ』中央公論新社、二〇〇七年
佐伯啓思『「脱」戦後のすすめ』中公新書ラクレ、二〇一七年
鈴木孝夫『閉された言語・日本語の世界』新潮選書、一九七五年:[増補新版]新潮選書、二〇一七年
鈴木孝夫『武器としてのことば——茶の間の国際情報学』新潮選書、一九八五年
鈴木孝夫『日本人はなぜ英語ができないか』岩波新書、一九九九年
鈴木孝夫『日本人はなぜ日本を愛せないのか』新潮選書、二〇〇六年
鈴木孝夫『あなたは英語で戦えますか——国際英語とは自分英語である』冨山房インターナショナル、二〇一一年
世界の通信社研究会編『挑戦する世界の通信社——メディア新時代に』新聞通信調査会、二〇一七年
高島敦子『これでよいのか英語教育』新評論、一九九二年
高島俊男『漢字と日本人』文春新書、二〇〇一年
田中克彦『言語学者が語る漢字文明論』講談社学術文庫、二〇一七年
津田幸男『英語支配の構造——日本人と異文化コミュニケーション』第三書館、一九九〇年
津田幸男編著『英語支配への異論——異文化コミュニケーションと言語問題』第三書館、一九九三年
鳥飼玖美子『「英語公用語」は何が問題か』角川 one テーマ21、二〇一〇年
鳥飼玖美子『国際共通語としての英語』講談社現代新書、二〇一一年
鳥飼玖美子『英語教育論争から考える』みすず書房、二〇一四年

鳥飼玖美子『話すための英語力』講談社現代新書、二〇一七年
中島義道『〈対話〉のない社会――思いやりと優しさが圧殺するもの』ＰＨＰ新書、一九九七年
中根千枝『タテ社会の人間関係』講談社現代新書、一九六七年
マヤ・バーダマン『英語のお手本――そのままマネしたい「敬語」集』朝日新聞出版、二〇一五年
サミュエル・ハンチントン『文明の衝突』鈴木主税訳、集英社、一九九八年；集英社文庫（上下）、二〇一七年
林知己夫『日本らしさの構造――こころと文化をはかる』東洋経済新報社、一九九六年
春名幹男『仮面の日米同盟――米外交機密文書が明かす真実』文春新書、二〇一五年
平田雅博『英語の帝国――ある島国の言語の１５００年史』講談社選書メチエ、二〇一六年
正高信男『コミュ障　動物性を失った人類――正しく理解し能力を引き出す』講談社ブルーバックス、二〇一五年
馬渕明子『舞台の上のジャポニスム――演じられた幻想の〈日本女性〉』ＮＨＫ出版、二〇一七年
水村美苗『日本語が亡びるとき――英語の世紀の中で』筑摩書房、二〇〇八年；［増補］ちくま文庫、二〇一五年
村上隆『芸術起業論』幻冬舎、二〇〇六年
望月衣塑子『新聞記者』角川新書、二〇一七年
柳家小三治『ま・く・ら』講談社文庫、一九九八年
山口仲美『日本語の歴史』岩波新書、二〇〇六年

山本七平『「空気」の研究』文藝春秋、一九七七年：文春文庫、一九八三年
若竹千佐子『おらおらでひとりいぐも』河出書房新社、二〇一七年

索　引

あ行

愛の告白　187
あうんの呼吸　177, 179
安倍晋三　83, 227, 252-53, 255-56, 258
阿部謹也　161-63
伊丹十三　217
一人称　29, 159, 186-87, 192-95
梅棹忠夫　128, 133, 265
英会話　46-50, 60, 62, 107, 241
英語一強　73, 244
英語教師　60
英語コンプレックス　62-64, 101
英語支配の構造　74, 76, 78, 80-81, 86, 88, 97
英語帝国主義　74
英語メール　241
大平正芳　254
尾川正二　186, 192-93
『おくりびと』　153
織田作之助　35
オバマ大統領　224, 251-52, 255
おもてなし　171-72

か行

外交　43, 68, 101, 248, 250, 254-55, 257-58
外国人観光客　213
概念　127, 158-59, 162, 199-200, 204-09, 258-59
外反母趾　202
海部俊樹　254
開放型の言語　117
核兵器禁止条約　248, 250-53
隠れ関西人　36
カズオ・イシグロ　227, 252
課題先進国　17, 214, 247
加藤周一　79, 141-42, 146
カトリック教会　188, 190
紙切れ一枚　189
ガラパゴス　7, 224-25
川上未映子　35
川端康成　35
漢字文化圏　181
企業の不祥事　24
聞くは一時の恥　238
記者会見　27, 32, 106, 166-69, 220
記者クラブ　168
北朝鮮　25, 181, 253, 257
客室乗務員　6, 179
距離の壁　49, 53, 69
キラキラネーム　141, 222
義理人情の世界　163, 165
近代化システム　161
「空気」を読む　25, 178
クリントン大統領　215, 224, 254, 256
血圧サージ　144
『源氏物語』　126
小池百合子　142, 220-21

高コンテクスト　29, 159, 176-79
国際理解　21
国連本部　92
ゴジラ　215
ごんぎつね　35
コンビニ店員　157
コンピューター　121, 139
コンプライアンス　148, 164

さ行

佐藤栄作　255
サミュエル・ハンチントン　115
シエスタ　199, 202, 207
時間の壁　49, 69
自己主張　29, 217, 231, 247
自閉言語　117
社交性　7, 38, 235-37, 269
取材活動　165
笑福亭鶴瓶　236
常用漢字表　131, 138
新幹線インシデント　142
真珠湾攻撃　26, 57, 258
身体性　200, 203, 205
『スウィングガールズ』　153
鈴木孝夫　88, 90
相撲界　160
スモールトーク　235-36
西欧崇拝　63-64, 71
世界共通語としての英語　22, 28, 38, 44, 85-86, 88, 90, 265
世間知らず　162
世間体が悪い　163
狭いながらも楽しい我が家　7, 224-25
尖閣諸島　83, 257
宣言　133, 186, 188-92, 246
相続　201
『そして父になる』　153

た行

第五福竜丸　249
脱亜入欧　63
タテ社会　195
田中克彦　117, 119-20, 127-29, 183, 207
田辺聖子　35
ダライ・ラマ一四世　102
地下鉄サリン事件　214-15
抽象語　29, 200-01, 203-07
出る杭は打たれる　160, 178
東京新聞　168
東京タワー　201
東南アジア諸国連合（ASEAN）　249
トーフル（TOEFL）　37, 45, 264
『土佐日記』　127
鳥飼玖美子　49-50, 53-54, 90, 102, 235

な行

長嶋茂雄　139-40
中曽根康弘　254
中根千枝　158

長野冬季オリンピック　33
西周　206
日米貿易不均衡　215
二人称　29, 159, 186-87, 192-95
日本人らしさ　243
人間関係の近代化　161

は行

ハーバード大学　33, 214
バーバラ・ウォルターズ　234
橋本龍太郎　256
林知己夫　244
ハル・ノート　258
ハロウィーン　208
阪神・淡路大震災　149, 214-15
ビートルズ　119
飛行機雲　104
被爆者　248, 251-53, 258
ファミリーレストラン　157
ブルース・リー　215
文明の衝突　115
米国教育使節団　132
防災ガイドブック　150
捕鯨問題　217
ぼけとつっこみ　237
北方諸島　257
本音と建前　160

ま行

前島密　128-29, 133
マラソン　207-08
『マルサの女』　217
万葉がな　126
水村美苗　132
村上隆　107-08
ムラ社会　29, 159-61, 168, 178, 196
明治維新　17, 209, 228, 240, 267
森有礼　129-30

や行

やさしい日本語　148-51, 265
柳家小三治　77
ヨーコ・オノ　215, 227
夜回り　166-67

ら行

旅行英会話集　48
リンガ・フランカ　90
歴史的・伝統的システム　161
レクサス　174
ローマ字化　128, 132-33, 181
鹿鳴館　63, 228

わ行

分かち書き　137, 150
和製漢語　209-10
「わび」「さび」　23

宮武久佳（みやたけ・ひさよし）

1957年大阪市生まれ。共同通信社（記者・デスク。1984-2009年）、横浜国立大学教授（国際戦略コーディネーターを兼務。2009-12年）を経て、東京理科大学教授（2022年まで）。現在は、東京理科大学嘱託教授。専門は知的財産論、文化資源論、メディア・ジャーナリズム論。

ハーバード大学ニーマンフェロー（Fellow, Nieman Foundation for Journalism at Harvard University. 全額給費客員ジャーナリスト。1995-96年）。

IOC長野オリンピック・ニューズ・エージェンシー（NAONA）「英語、フランス語、日本語編集チーム」デスク（1997-98年）、2002年FIFAワールドカップ日本組織委員会チーフ・プレスオフィサー（報道部長。2000-02年）などを歴任。

国際基督教大学（ICU）大学院比較文化研究科（美学・芸術学）修士、一橋大学大学院（国際企業戦略研究科・知的財産戦略）修士（経営法）。

著書に『「社会人教授」の大学論』（青土社）、『知的財産と創造性』（みすず書房）、『正しいコピペのすすめ――模倣、創造、著作権と私たち』、『自分を変えたい――殻を破るためのヒント』（いずれも岩波書店）、『著作権ハンドブック――先生、勝手にコピーしちゃダメ』（共著、東京書籍）など。

わたしたちの英語《えいご》 地球市民《ちきゅうしみん》のコミュニケーション力《りょく》

2018年3月1日　第1刷発行
2022年4月28日　第2刷発行

著　者　宮武久佳《みやたけひさよし》

発行者　清水一人
発行所　青土社
〒101-0051　東京都千代田区神田神保町1-29　市瀬ビル
電話　03-3291-9831（編集部）　03-3294-7829（営業部）
振替　00190-7-192955

印　刷　双文社印刷
製　本　双文社印刷

装　幀　松田行正＋倉橋弘

ISBN978-4-7917-7051-9
Printed in Japan